중등교원 임용시험대비 정보컴퓨터 심화이론 완벽 가이드

알기 쉽게 풀어가는

정보컴퓨터

심화과정 I

기본개념 + 예제 + 기출문제 완벽정리

- 정보컴퓨터 심화이론을 체계적으로 정리
- 기본개념 설명과 예제를 통한 확인학습
- 다양한 기출문제를 통한 실전 완벽 대비

CHAPTER I 컴퓨터 구조

SECTION 01 레지스터 전송과 마이크로 연산   008
    1   레지스터간 전송   008
    2   마이크로 연산(Micro Operation)   014

SECTION 02 기본 컴퓨터의 구조와 설계   022
    1   공통 버스 시스템   022
    2   명령어 사이클   027
    3   컴퓨터 명령어   032
    4   인터럽트(Interrupt)   041
    5   컴퓨터에 대한 완전한 기술   043
    6   기본 컴퓨터의 설계   045

SECTION 03 마이크로 프로그램된 제어   049
    1   범용 컴퓨터   049
    2   마이크로 명령어   050
    3   제어장치 설계   054

SECTION 04 중앙처리 장치(CPU) — 057
- 1 범용 레지스터 구조 — 057
- 2 스택 구조 — 060
- 3 명령어 형식과 주소 모드 — 062
- 4 프로그램 제어 — 066
- 5 RISC(Reduced Instruction Set Computer) — 071

SECTION 05 파이프라인과 입출력 구조 — 073
- 1 파이프라인 — 073
- 2 입출력 시스템 — 087
- 3 우선순위 인터럽트 — 090
- 4 산술연산 — 093

SECTION 06 메모리 구조 — 097
- 1 주기억 장치 — 097
- 2 연관기억 장치 — 102
- 3 캐시기억 장치 — 105

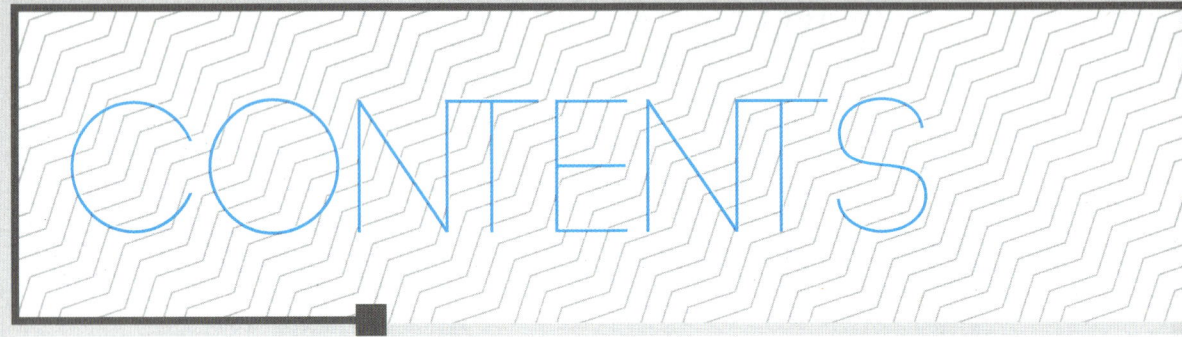

CHAPTER II 운영체제

SECTION 01 프로세스 스케줄링 · 118
   1 프로세스 제어 블록(PCB) · 118
   2 프로세스의 상태 전이도 · 119
   3 스케줄링 알고리즘 · 121

SECTION 02 교착상태(Deadlock) · 138
   1 자원 할당 그래프 · 138
   2 교착상태 예방(Prevention) · 145
   3 교착상태 회피(Avoidance) · 146
   4 교착상태의 탐지(Detection) · 149
   5 교착상태의 회복(Recovery) · 151

SECTION 03 프로세스 동기화 · 152
   1 프로세스의 생성 · 152
   2 프로세스 동기화 · 156

SECTION 04 기억장치 관리 178
  1 물리적 기억장치 178
  2 가상 기억장치 181
  3 보조기억장치 204

정보컴퓨터
심화과정 I

CHAPTER I

컴퓨터 구조

SECTION 1 레지스터 전송과 마이크로 연산

1 레지스터간 전송

(1) 레지스터 전송

$$P : R2 \leftarrow R1 \Rightarrow if(P=1) \text{ then } (R2 \leftarrow R1)$$

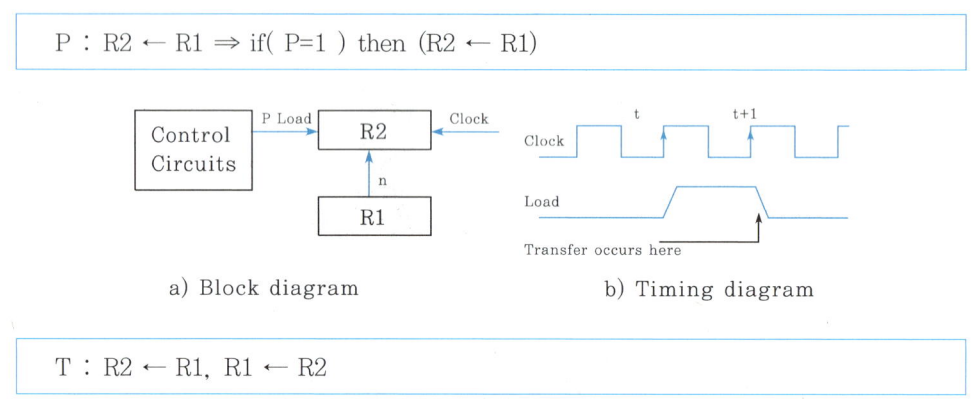

a) Block diagram　　　　b) Timing diagram

$$T : R2 \leftarrow R1,\ R1 \leftarrow R2$$

문제 01

다음의 하드웨어 블록도에 대한 레지스터(register) 전송문을 쓰시오.

하드웨어 블록도

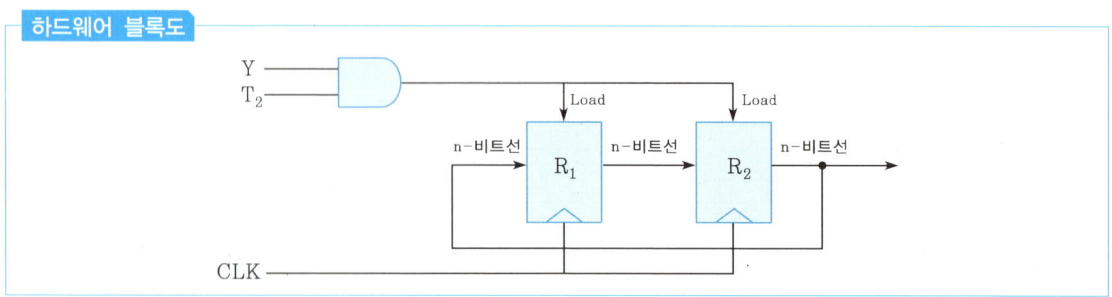

- 레지스터 전송문 : _____

문제 02

두 개의 4비트 레지스터, 4비트 가산기, R_1으로의 입력을 선택하는 2 × 1 멀티플렉서에 대한 블록도이다. R_1과 R_2에 대한 레지스터 전송문을 쓰시오.

블록도

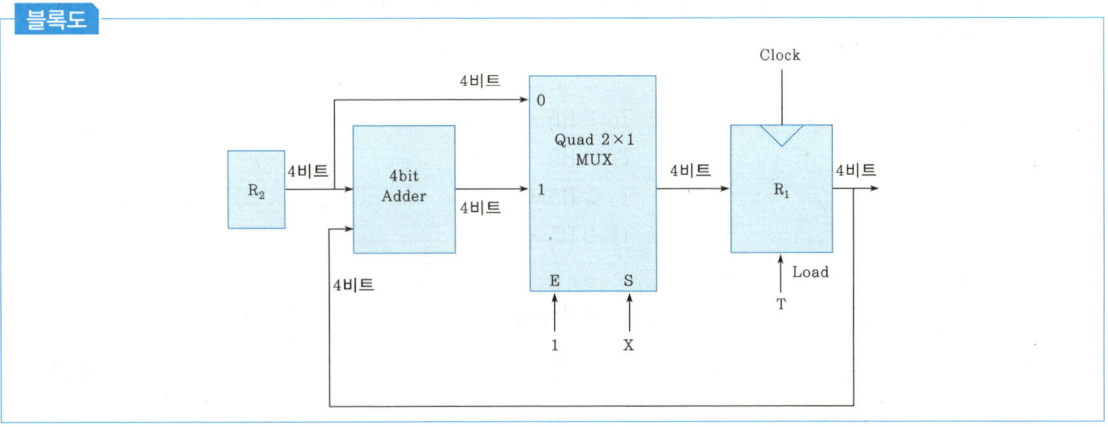

- 레지스터 전송문 : _____

문제 03

다음 그림의 레지스터 A는 1011를 갖고 있고, 레지스터 B는 0111을 갖고 있다.

블록도

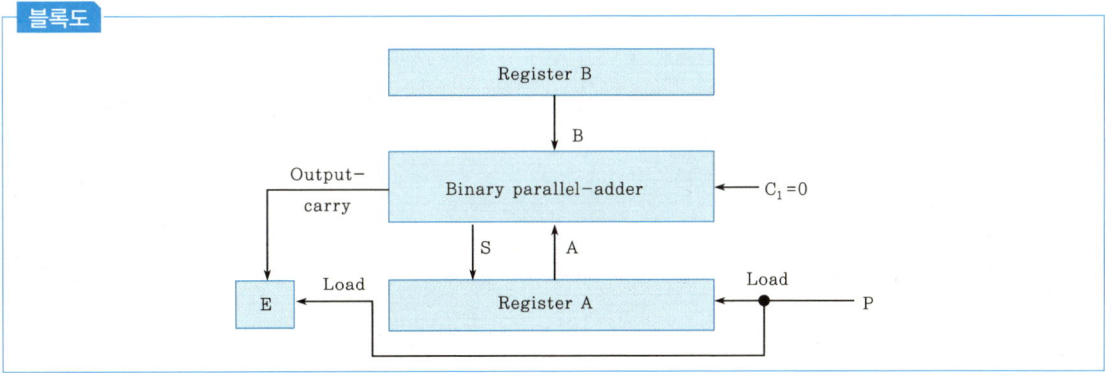

(1) 2진 병렬 가산기에서 4개의 전산기의 출력 S와 C의 각 값을 구하시오.
- S : _____   • C : _____

(2) 레지스터 A가 제어 함수 P에 의해 enable된 후에 출력 S와 C의 각 값을 구하시오.
- S : _____   • C : _____

레지스터 전송과 마이크로 연산

문제 04

네 레지스터 R0, R1, R2, R3의 출력이 4×1 멀티플렉서를 통해 레지스터 R5의 입력에 연결되어 있다. 각 레지스터는 8비트이고, T_0에서 T_3까지의 타이밍 변수에 의해 다음과 같이 전송 동작이 지정되어 있다. 또한 S_1과 S_0은 멀티플렉서의 선택변수이다. 아래의 〈진리표〉 ㉠, ㉡, ㉢에 들어갈 내용을 순서대로 쓰시오.

$$T_0 : R5 \leftarrow R0$$
$$T_1 : R5 \leftarrow R1$$
$$T_2 : R5 \leftarrow R2$$
$$T_3 : R5 \leftarrow R3$$

〈진리표〉

T_0	T_1	T_2	T_3	S_1	S_0	L(R5)
0	0	0	0			
1	0	0	0			
0	1	0	0	㉠	㉡	㉢
0	0	1	0			
0	0	0	1			

(2) 버스 전송
① 레지스터 전송은 레지스터와 레지스터 사이의 정보 전송을 위한 경로 너무 많기 때문에 보다 효율적 전송을 위해 공통 버스 시스템을 사용한다.
② 아래 〈그림〉은 각 레지스터는 0에서 3까지 네 개의 비트를 가지고 있으며, 버스는 네 개의 데이터 입력과 두 개의 선택 입력을 가지는 네 개의 4×1 멀티플렉서로 구성된다.

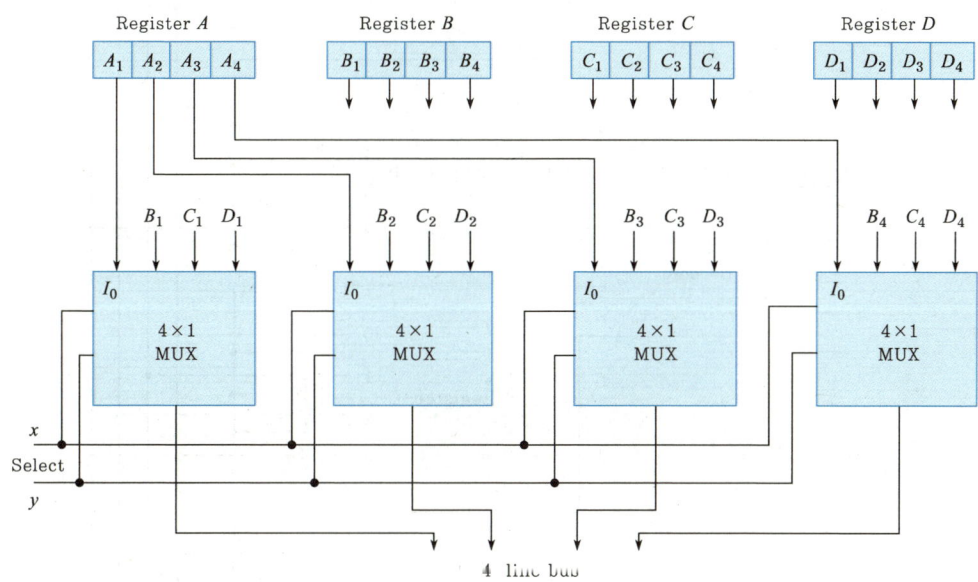

③ 3-상태 버스 버퍼

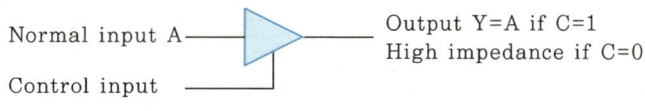

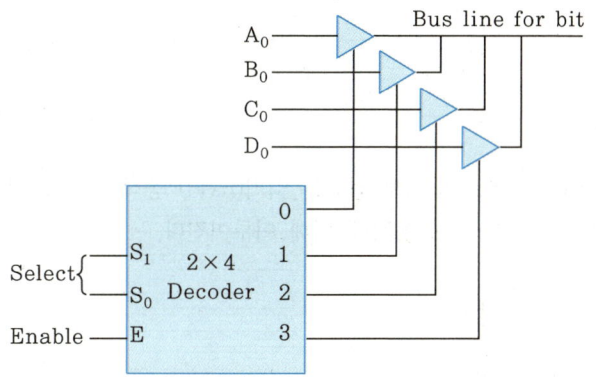

④ 다음은 버스 시스템을 멀티플렉서 대신 3-상태 버퍼와 디코더를 이용하는 블록도이다.

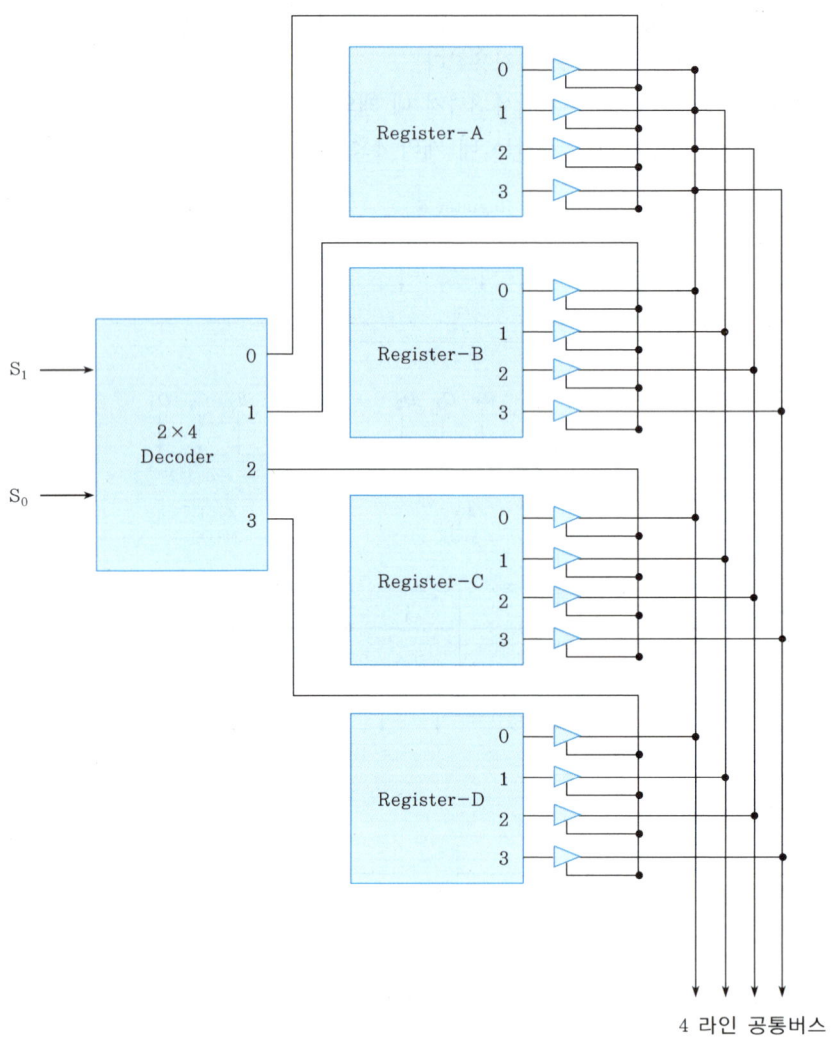

4 라인 공통버스

(3) 메모리 전송

메모리 워드로부터 외부 세계로의 정보 전송은 읽기(read) 동작을 통해 이루어지고, 메모리로 새로운 정보를 저장하는 것은 쓰기(write) 동작에 의해 이루어진다.

> Read : DR ← M[AR]

> Write : M[AR] ← R1

문제 05

아래 〈그림-a〉의 멀티플렉서에서 S_1, S_0의 값, 〈그림-b〉의 해독기에서 x, y의 값에 대한 각각의 레지스터 전송문을 쓰시오.

그림-a

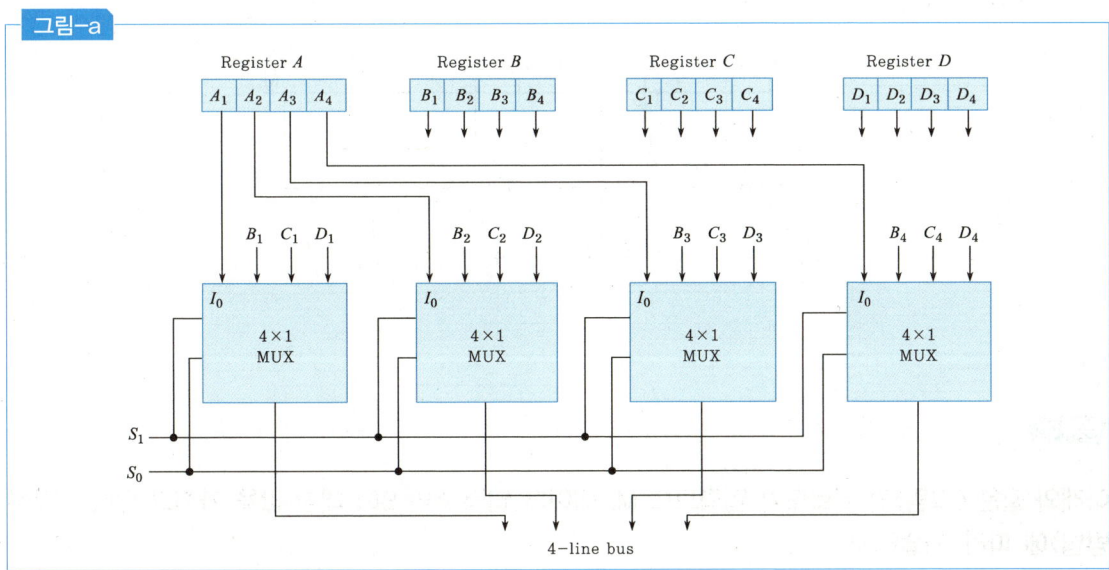

그림-b

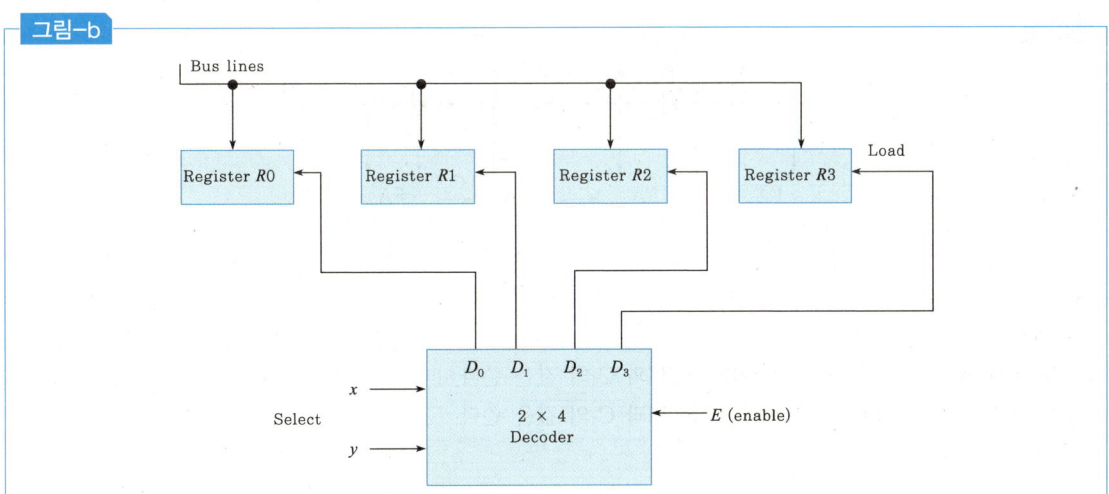

	S_1	S_0	x	y	전송문
(1)	0	1	0	0	
(2)	1	1	1	0	
(3)	1	0	1	1	
(4)	1	1	0	1	
(5)	0	0	1	0	

2 마이크로 연산(Micro Operation)

(1) 산술 마이크로 연산

① 4비트 이진 가감산기 : 각 전가산기에 XOR Gate를 추가하여 덧셈과 뺄셈 연산을 하나의 동일한 회로에서 구현한다.

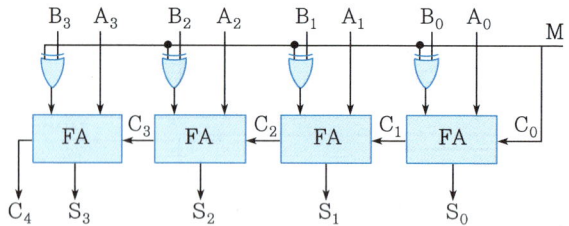

문제 06

아래와 같은 〈그림〉의 회로도가 입력모드 M, 데이터 입력 A와 B에 대한 값을 가지고 있다. 〈작성 방법〉에 따라 기술하시오.

> **그림**
>
>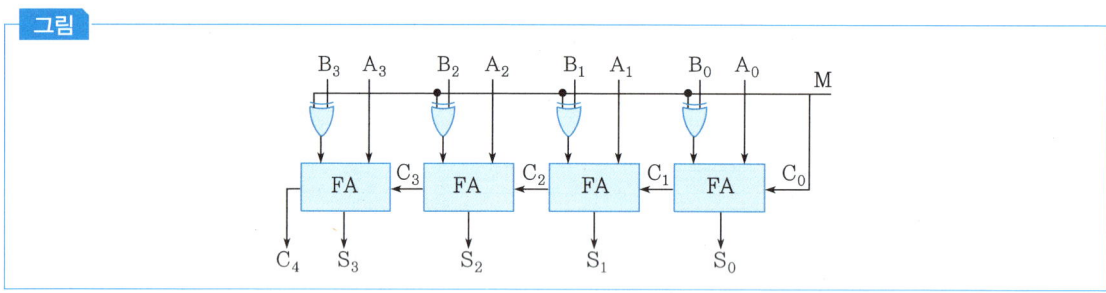

> **작성 방법**
>
> (1) M = 0이고 A=0111, B=0110일때 SUM과 C_4의 값을 쓴다.
> (2) M = 1이고 A=1100, B=1000일때 SUM과 C_4의 값을 쓴다.

② 4비트 이진 Incremenet : 레지스터의 값에 1을 더하는 회로이다.

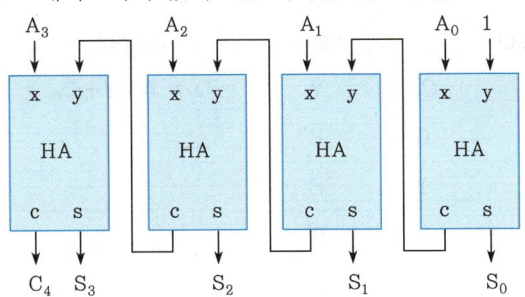

③ 4비트 산술 회로
　㉠ 회로도

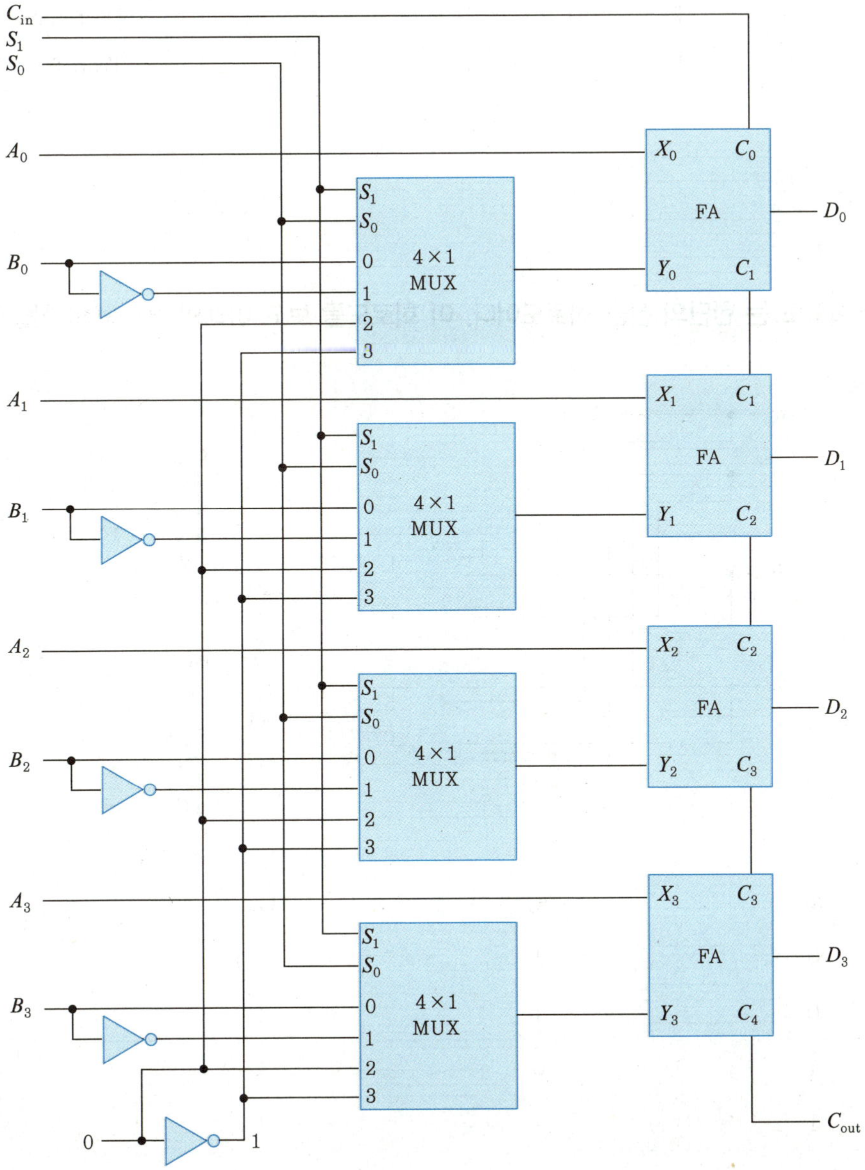

ⓛ 산술 회로의 함수표

Select		Input	Output	Microoperation
S_1	S_0	C_{in}	Y	$D = A + Y + C_{in}$	
0	0	0	B		Add
0	0	1	B		Add with Carry
0	1	0	B'		Subtract with borrow
0	1	1	B'		Subtract
1	0	0	0		Transfer A
1	0	1	0		Increment A
1	1	0	1		Decrement A
1	1	1	1		Transfer A

문제 07

아래의 〈회로도〉는 한단의 산술 회로도이다. 이 회로도를 보고 아래의 ㉠~㉣의 산술식을 구하시오.

회로도

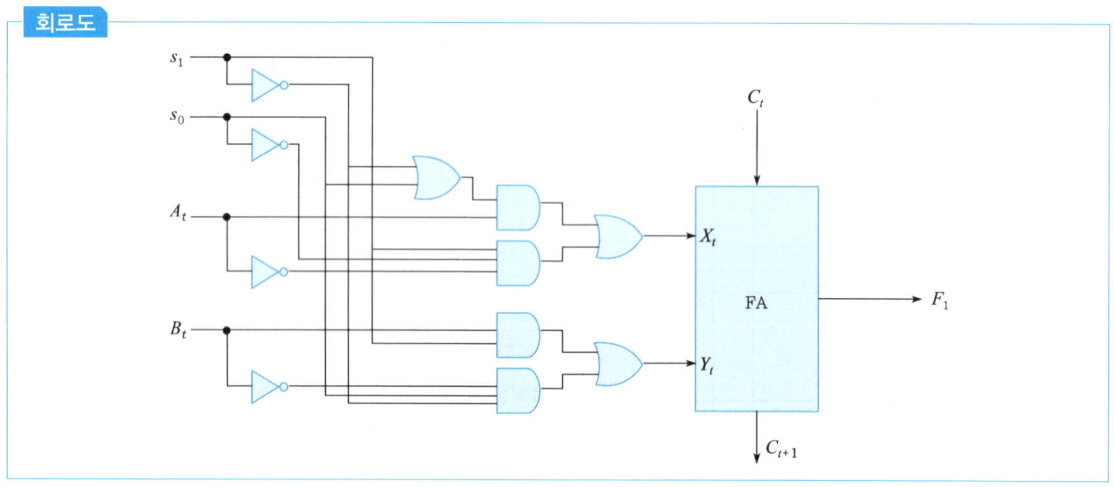

S_1	S_0	C_{in}	F
0	1	0	㉠
0	1	1	㉡
1	0	1	㉢
1	1	1	㉣

(2) 논리 마이크로 연산
  ① 논리 마이크로 연산표
    ㉠ 두 변수의 16개 함수에 대한 진리표

x	y	F_0	F_1	F_2	F_3	F_4	F_5	F_6	F_7	F_8	F_9	F_{10}	F_{11}	F_{12}	F_{13}	F_{14}	F_{15}
0	0	0	0	0	0	0	0	0	0	1	1	1	1	1	1	1	1
0	1	0	0	0	0	1	1	1	1	0	0	0	0	1	1	1	1
1	0	0	0	1	1	0	0	1	1	0	0	1	1	0	0	1	1
1	1	0	1	0	1	0	1	0	1	0	1	0	1	0	1	0	1

    ㉡ 16개의 논리 마이크로 연산

F0 = 0	F8 = (x + y)'
F1 = xy	F9 = (x ⊕ y)'
F2 = xy'	F10 = y'
F3 = x	F11 = x + y'
F4 = x'y	F12 = x'
F5 = y	F13 = x' + y
F6 = x⊕y	F14 = (xy)'
F7 = x + y	F15 = 1

    ㉢ 회로도

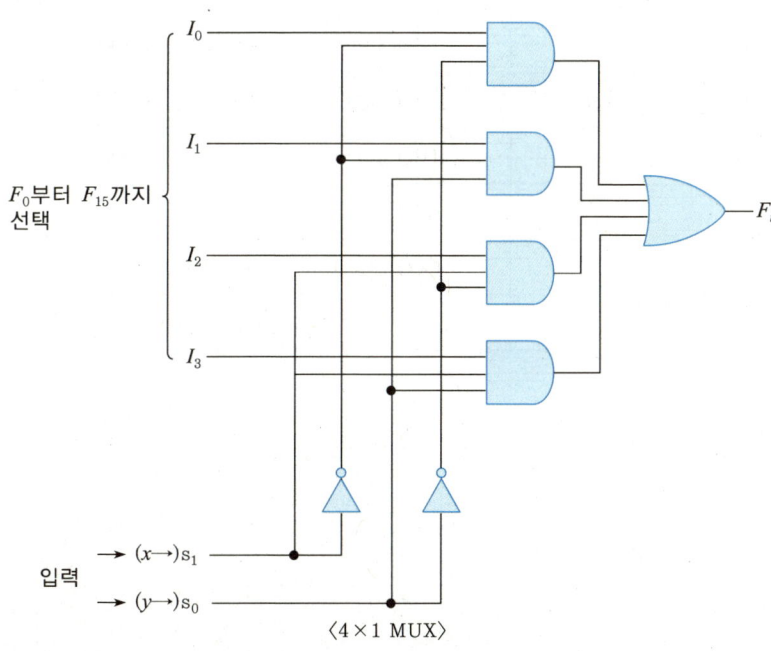

1 레지스터 전송과 마이크로 연산

② 하드웨어 구현

다음은 16개의 논리 마이크로 연산 중에서 AND, OR, XOR, 보수를 수행하는 논리 회로의 한 단이다.

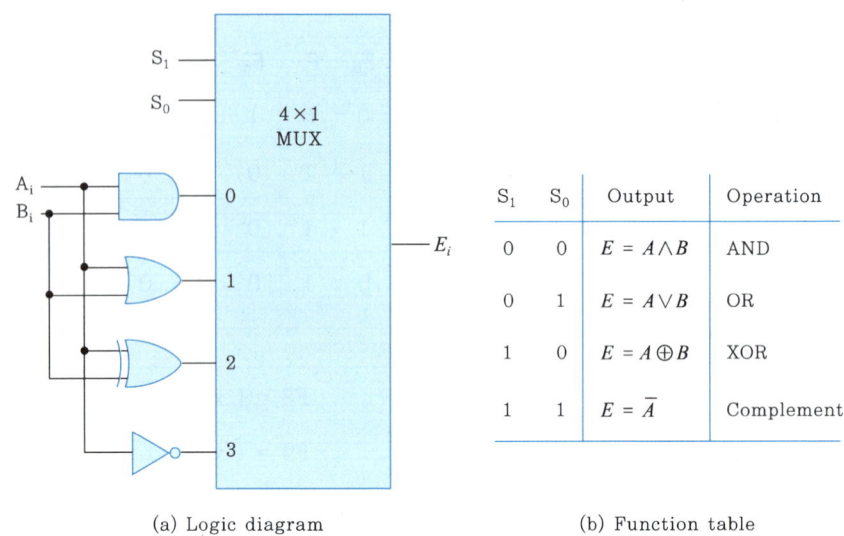

(a) Logic diagram   (b) Function table

문제 08

레지스터 A와 B의 값이 다음과 같을 때, 아래표의 논리적 마이크로 동작의 수행 후 비트열을 쓰시오.

마이크로 연산	레지스터 A	레지스터 B	수행 후 비트열
selective-set 연산	1010 1100	0111 0000	1111 1100
selective-complement 연산	1010 1100	0111 0000	1101 1100
selective-clear 연산	1010 1100	0111 0000	1000 1100
mask 연산	0110 1010	0000 1111	0000 1010
insert 연산	0000 1010	1001 0000	1001 1010
clear 연산	1010 1100	1010 1100	0000 0000

(3) 시프트 마이크로 연산

① 시프트 연산은 데이터의 직렬 전송을 위하여 사용되며, 산술이나 논리연산 및 다른 데이터 처리 동작과 연계하여 사용될 수 있다.

② 시프트 연산은 다음과 같이 구분한다.
　㉠ 논리 시프트(logical shift) : SHR, SHL
　㉡ 산술 시프트(arithmetic shift) : ASHR, ASHL
　㉢ 순환 시프트(rotate shift) : ROR, ROL, RORC, ROLC

〈산술적 Shift연산〉

2진수 $A = A_n A_{n-1} \cdots A_1 A_0$ 의 1비트 산술적 시프트

방식	시프트 방향	시프트 후 표현	비고
부호와 절대치	오른쪽	$AR1 = A_n\ B\ A_{n-1} \cdots A_1$	$B=0$ ($A_0=0$이면 $AR1=A/2$, $A_0=1$이면 truncation)
	왼쪽	$AL1 = A_n\ A_{n-2} \cdots A_0\ B$	$B=0$ ($A_{n-1}=0$이면 $AL1=2A$, $A_{n-1}=1$이면 overflow)
1의 보수	오른쪽	$AR1 = B\ A_n\ A_{n-1} \cdots A_1$	$B=A_n$ ($A_0=A_n$이면 $AR1=A/2$, $A_0 \neq A_n$이면 truncation)
	왼쪽	$AL1 = A_{n-1}\ A_{n-2} \cdots A_0\ B$	$B=A_n$ ($A_{n-1}=A_n$이면 $AL1=2A$, $A_{n-1} \neq A_n$이면 overflow)
2의 보수	오른쪽	$AR1 = B\ A_n\ A_{n-1} \cdots A_1$	$B=A_n$ ($A_0=0$이면 $AR1=A/2$, $A_0=1$이면 truncation)
	왼쪽	$AL1 = A_{n-1}\ A_{n-2} \cdots A_0\ B$	$B=0$ ($A_{n-1}=A_n$이면 $AL1=2A$, $A_{n-1} \neq A_n$이면 overflow)

문제 09

어떤 8비트 레지스터가 10011100을 가지고 있다. 오른쪽 산술 시프트 후 레지스터 값은 무엇인가? 초기값이 10011100이었을 때, 왼쪽 산술 시프트 후 레지스터 값은 무엇이며, 이때 오버플로가 발생하였는지 설명하시오. (단, 이진수는 2의 보수로 표현되어 있다)

(1) 오른쪽 산술 시프트 : _____

(2) 왼쪽 산술 시프트　 : _____

③ 4비트 조합회로 시프터(Shifter)

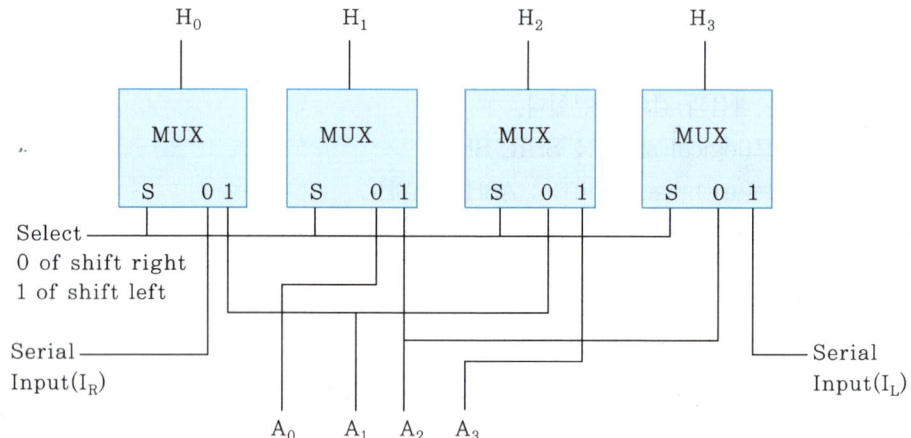

⟨Function table⟩

Select	Output			
S	H_0	H_1	H_2	H_3
0	I_R	A_0	A_1	A_2
1	A_1	A_2	A_3	I_L

문제 10

위의 ⟨4비트 조합 회로 시프터⟩를 보고 아래 물음에 답하시오.

(1) 입력($A_0 \sim A_3$)이 1010이고 Select=0, I_R=0, I_L=1일 때 출력 H의 값을 쓰시오.

 • 출력($H_0 \sim H_3$) : _____

(2) 입력($A_0 \sim A_3$)이 0111이고 Select=1, I_R=1, I_L=0일 때 출력 H의 값을 쓰시오.

 • 출력($H_0 \sim H_3$) : _____

문제 11

다음의 〈블록도〉는 4비트 조합 논리 시프터(shifter)이다. 이 〈블록도〉를 보고 (가)~(라) 각각에 대한 동작을 순서대로 쓰시오.

(가) $H_1=0$, $H_0=0$인 경우   (나) $H_1=0$, $H_0=1$인 경우
(다) $H_1=1$, $H_0=0$인 경우   (라) $H_1=1$, $H_0=1$인 경우

블록도

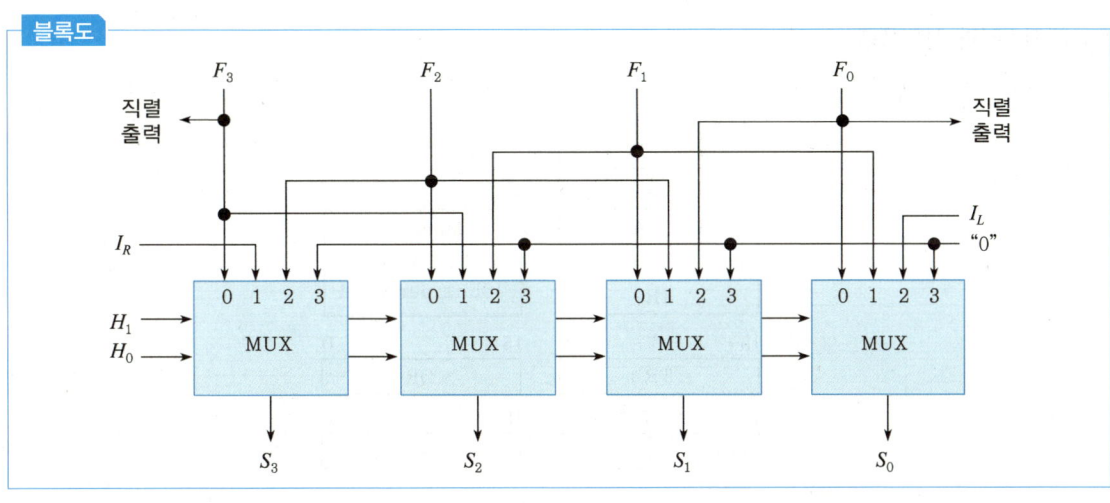

SECTION 2 기본 컴퓨터의 구조와 설계

1 공통 버스 시스템

(1) 레지스터와 플립플롭

① 레지스터(Register)

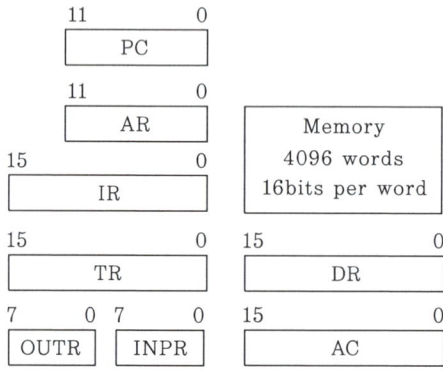

Mnemonic	명령어	비트수	설명
AC	Accumulater Register	16	연산 결과를 저장하는 레지스터
MBR(DR)	Memory Buffer Register	16	메모리 워드의 내용을 가지고 있다.
PC	Program Counter	12	다음 명령어의 주소를 가지고 있다.
MAR(AR)	Memory Address Register	12	메모리 워드의 주소를 가지고 있다.
IR	Instruction Register	16	현재 동작부의 코드를 가지고 있다.
TR	Temporary Registe	16	임시 데이터를 저장한다.
INPR	Input Register	8	입력장치로부터 정보를 가지고 있다.
OUTR	Output Register	8	출력장치를 위한 정보를 가지고 있다.

② 플립플롭(Flip-Flop)

Mnemonic	명령어	비트수	설명
E	Extension Flip-Flop	1	누산기 캐리플립플롭
F	Fetch Flip-Flop	1	페치와 실행 사이클을 제어한다.
S	Start-Stop Flip-Flop	1	컴퓨터 시작과 정지
I	Mode Flip-Flop	1	모드비트를 저장하기 위한 단일 플립플롭
IEN	Interrupt Enable Flip-Flop	1	인터럽트 허용 여부 제어를 제어한다.
R	Interrupt Flip-Flop	1	인터럽트 판별 플립플롭

(2) 공통 버스 시스템

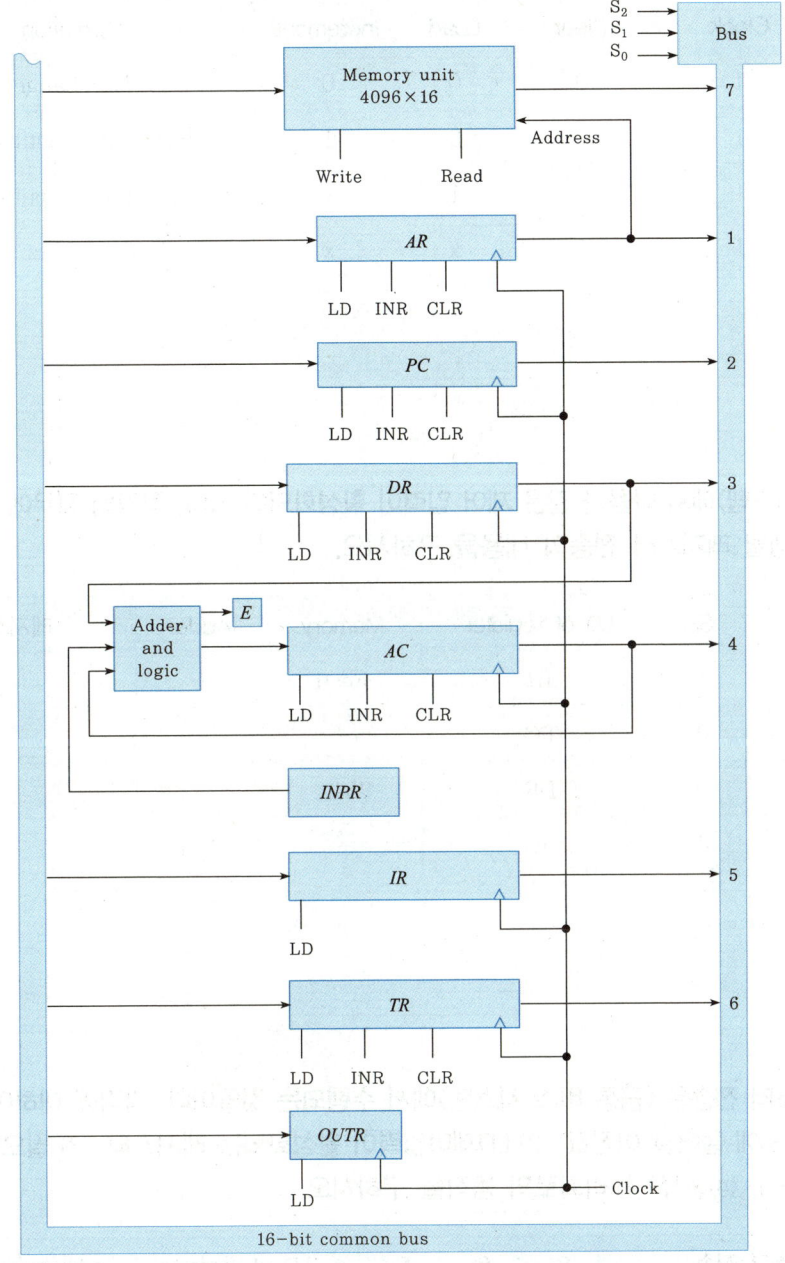

① 버스는 16비트로 구성되며, 12비트인 AR과 PC의 내용이 버스에 전송될 때는 상위 4비트가 0으로 채워지며, 버스의 내용이 AR이나 PC로 전송될 때에는 하위 12비트만이 전송된다.
② 8비트인 INPR과 OUTR는 하위 8비트만으로 버스와 데이터를 주고 받는다.
③ 공통 버스는 6개의 레지스터와 메모리 장치의 입출력에 각각 연결되어 있다.
④ 5개 레지스터(AR, PC, DR, AC, TR) 세 개의 제어입력을 가지고 있지만 IR과 OUTR은 LD 제어입력만을 가진다.
⑤ DR←AC, AC←DR은 DR의 내용과 AC의 내용의 Swapping이 행해진다.

⟨LD, INC, CLR의 연산⟩

Clock	Clear	Load	Increment	Operation
1	0	0	0	No change
1	0	0	1	Increment count by 1
1	0	1	x	Load input
1	1	x	x	Clear outputs to 0

문제 12

⟨공통 버스 시스템⟩에서 다음과 같은 제어 입력이 활성화되어 있다. 각각의 경우에 대해 다음 클럭 변이에서 수행될 레지스터 전송의 내용을 구하시오.

S_2	S_1	S_0	LD of register	Memory	Adder	레지스터 전송
1	1	1	IR	Read	–	
1	1	0	PC	–	–	
1	0	0	DR	Write	–	
0	0	0	AC	–	Add	

문제 13

다음의 레지스터 전송은 ⟨공통 버스 시스템⟩에서 수행되는 것들이다. 각각에 대하여 (1) 버스 선택 입력 S_2, S_1, S_0에 들어갈 이진값, (2) LD제어입력이 활성화되는 레지스터, (3) 필요한 메모리 읽기 또는 쓰기 동작, (4) 가산 논리회로의 동작을 구하시오.

레지스터 전송	S_2	S_1	S_0	LD of register	Memory	Adder
AR ← PC						
IR ← M[AR]						
M[AR] ← TR						
AC ← DR, DR ← AC						

문제 14

〈공통 버스 시스템〉에서 다음의 마이크로 연산들이 하나의 클럭 펄스 동안에 수행될 수 없는 이유를 기술하시오. 그리고 이 연산을 완료시키는 마이크로 연산들을 순서대로 나열하시오.

(1) IR ← M[PC]
- 이유 : _____
- 연산 : _____
  _____

(2) AC ← AC + TR
- 이유 : _____
- 연산 : _____
  _____

(3) DR ← DR + AC
- 이유 : _____
- 연산 : _____
  _____

기출 2018-06 (가)는 메모리와 레지스터로 구성된 컴퓨터 구조의 일부이고, (나)는 (가)의 레지스터에 관한 설명이다. 〈조건〉을 고려하여 〈작성 방법〉에 따라 서술하시오. [5점]

(가)

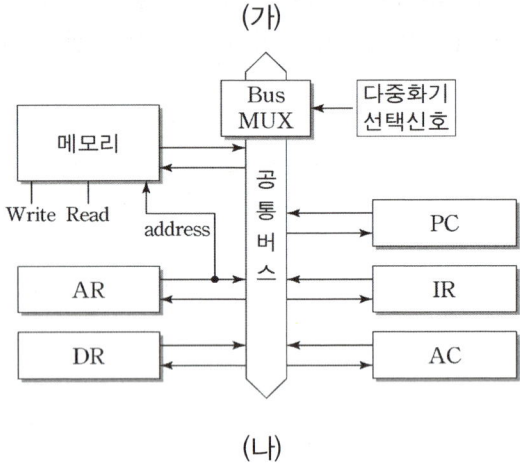

(나)

레지스터	설명
AR	메모리 주소 레지스터
DR	데이터 레지스터
PC	프로그램 카운터
IR	명령어 레지스터
AC	누산기

조건
- 메모리와 모든 레지스터의 입출력은 공통 버스(Bus)에 연결되며, 다중화기(MUX, 멀티플렉서)를 통하여 선택된 출력만 버스에 전송된다.
- 레지스터는 병렬 저장 기능과 상향 카운터 기능을 가진다.
- 마이크로 연산의 예

R ← M[AR]	AR 값이 지정하는 메모리 주소에 있는 데이터를 레지스터 R에 저장
R2 ← R1	레지스터 R1 값을 레지스터 R2에 저장
R ← R + 1	레지스터 R에 저장된 값을 1만큼 증가

- 모든 마이크로 연산은 한 클록 안에 수행된다.

작성 방법
(1) 공통 버스의 다중화기 선택 신호의 최소 크기(비트)를 쓸 것.
(2) 마이크로 연산 AR ← PC와 DR ← DR+1이 동일한 클록에 수행이 가능한지 여부와 그 이유를 서술할 것.
(3) DR 값이 지정하는 메모리 주소에 있는 데이터를 AC에 저장하려고 한다. 이를 위한 마이크로 연산을 순서대로 쓸 것. (단, 수행되는 마이크로 연산의 개수를 최소화할 것.)

2 명령어 사이클

(1) Fetch와 Decode

> T_0 : AR ← PC
> T_1 : IR ← M[AR], PC ← PC + 1
> T_2 : D_0……D_7 ← Decode IR(12-14), AR ← IR(0-11), I ← IR(15)

① 타이밍 신호 T_0
  ㉠ 버스 선택 입력($S_2S_1S_0$)을 010으로 하여 PC 내용이 버스에 놓이도록 한다.
  ㉡ AR의 LD입력을 인에이블시켜서 버스의 내용을 AR로 전송한다.

② 타이밍 신호 T_1
  ㉠ 메모리의 읽기 입력을 인에이블시킨다.
  ㉡ $S_2S_1S_0$ = 111로 하여 메모리의 내용이 버스에 놓이도록 한다.
  ㉢ IR의 LD 입력을 인에이블시켜 버스의 내용을 IR로 전송한다.
  ㉣ PC의 INR 입력을 인에이블시켜 PC의 값을 하나 증가시킨다.

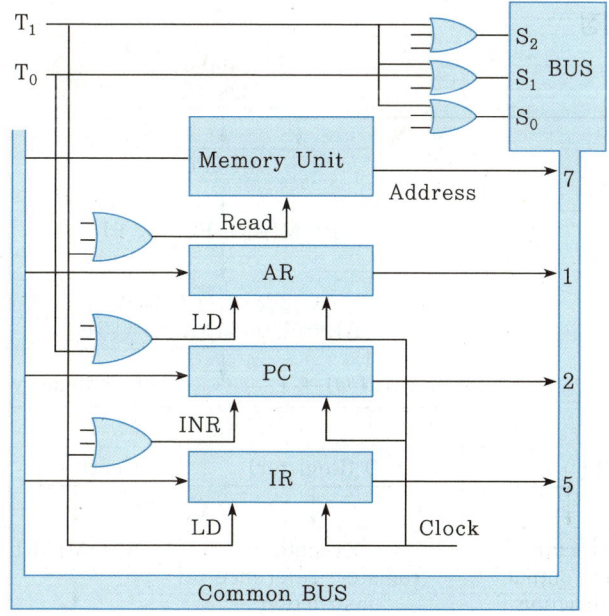

〈fetch단계를 위한 레지스터 전송〉

(2) 타이밍 신호

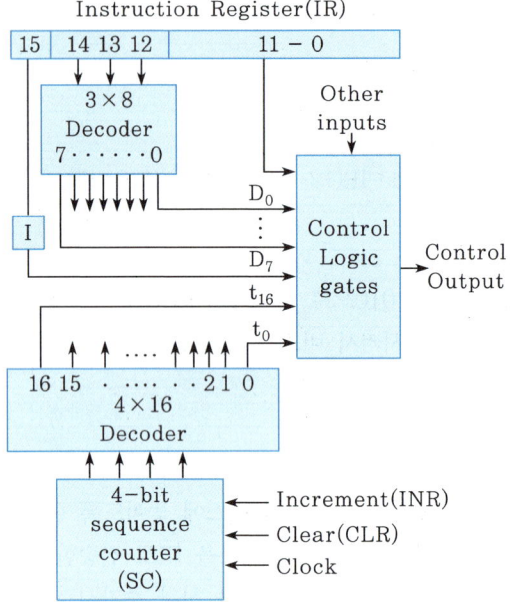

(3) 명령어 종류의 결정

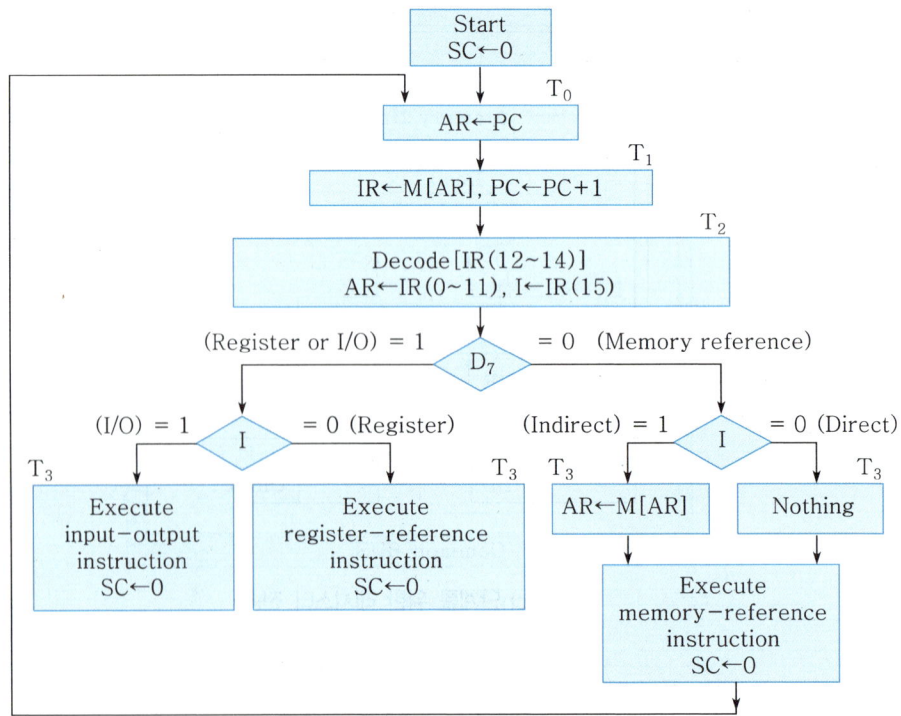

기출 2019 - 07 (가)는 가상의 컴퓨터에서 수행되는 명령어 형식과 레지스터에 대한 내용이고, (나)는 명령어 수행 사이클에 대한 흐름도이다. (다)는 메모리 내에 저장된 프로그램의 일부이다. 〈조건〉을 고려하여 〈작성 방법〉에 따라 쓰시오. [5점]

(가)

○ 명령어 형식

비트번호	11	10 8	7 0
	m	Op_code	Operand

○ 메모리 참조 명령어 형식
- Op_code 값의 범위는 000에서 110이다.
- m이 0일 때는 직접주소방식, m이 1일 때는 간접주소방식을 사용한다.
- Operand 값은 메모리 주소 값으로 사용된다.
- (예)

명령어 이름	m	Op_code	의미
BSA	0	011	직접주소방식을 사용하여 복귀주소 저장 및 서브루틴 분기
	1	011	간접주소방식을 사용하여 복귀주소 저장 및 서브루틴 분기

○ 레지스터 참조 명령어 형식
- m의 값은 0이고 Op_code의 값은 111이다.
- Operand 값은 특정 레지스터 명령어를 지정하는 데 사용된다.
- (예)

명령어 이름	m	Op_code	Operand	의미
CAC	0	111	1000 0000	누산기를 초기화시킴

○ 입출력 명령어 형식
- m의 값은 1이고 Op_code의 값은 111이다.
- Operand 값은 특정 입출력 명령어를 지정하는 데 사용된다.
- (예)

명령어 이름	m	Op_code	Operand	의미
INP	1	111	0100 0000	문자를 입력함

○ 가상의 컴퓨터에서 사용하는 레지스터는 다음과 같다.

종류	의미
MAR	메모리 주소 레지스터
PC	프로그램 카운터
IR	명령어 레지스터
AC	누산기

2 기본 컴퓨터의 구조와 설계

(나)

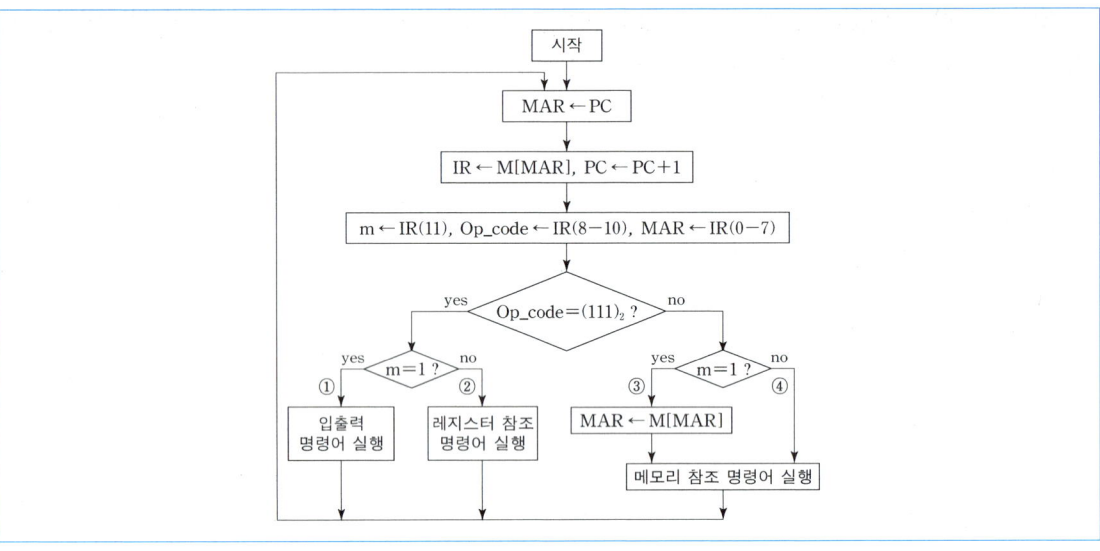

(다)

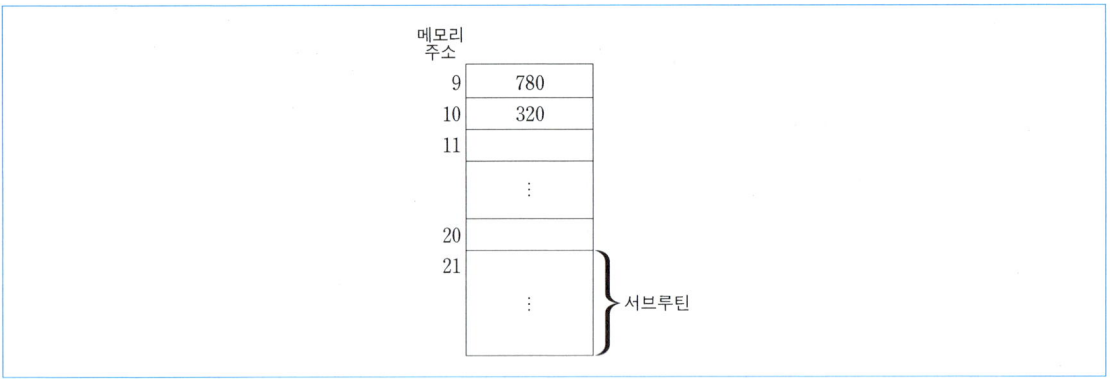

조건
- 메모리 주소와 명령어 내용은 16진수로 표현한다.
- 명령어 사이클은 인출 단계, 분석 단계, 실행 단계로 이루어져있다고 가정한다.
- M[MAR]에서 M은 메모리를 의미한다.
- BSA 명령어 수행을 위한 마이크로 연산은 다음과 같다.
  M[MAR] ← PC
  PC ← MAR + 1

작성 방법
(1) 메모리 $(9)_{16}$번지의 명령어 $(780)_{16}$을 메모리에서 인출하여 분석한 후 실행하는 단계에서 진입하게 되는 지점을 (나)의 ①~④에서 찾아 쓸 것.
(2) (다)의 $(10)_{16}$번지 명령을 수행한 후 메모리 $(20)_{16}$번지에 저장된 값과 PC에 저장된 값을 16진수로 순서대로 쓸 것.
(3) 명령어의 수행을 마치면 다음 명령어를 가져오는 인출단계로 넘어간다. (나)에서 인출 단계에 해당하는 마이크로 연산을 순서대로 쓸 것.

기출 2011-24 〈그림〉은 총 4,096개의 워드로 구성된 메모리 장치와 레지스 MAR(Memory Address Register), PC(Program Counter), MBR(Memory Buffer Register), AC(Accumulator), IR(Instruction Register)이 〈조건〉에 따라 구성된 공통버스 시스템을 나타낸 것이다. 이 시스템에 대한 설명으로 옳은 것만을 〈보기〉에서 모두 고른 것은? [1.5점]

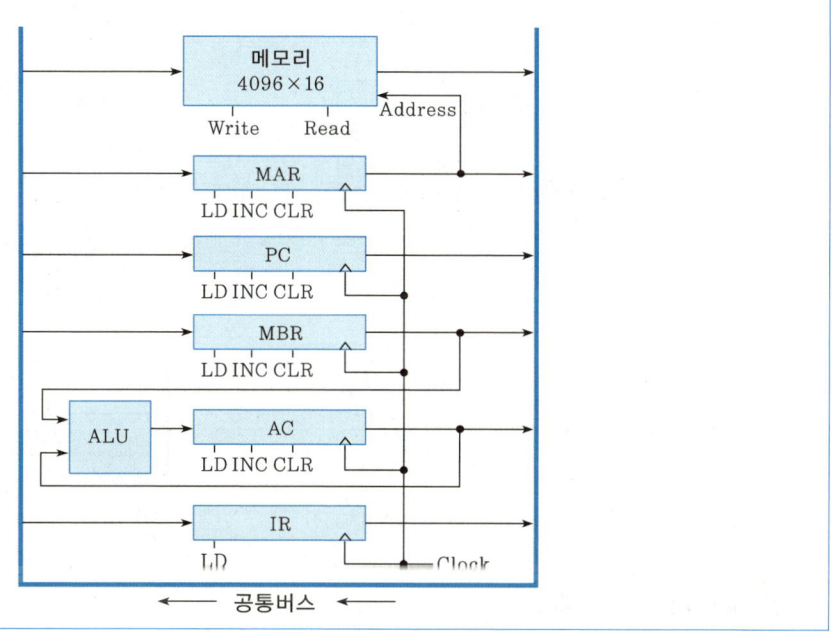

조건
- 메모리는 Read와 Write 제어 입력을 가진다.
- CLR(저장 값을 지움), LD(값을 받음), INC(저장 값을 1 증가)는 레지스터의 제어 입력이다.
- 하나의 워드는 16비트의 크기를 가지며, 워드 단위로 주소를 지정한다.
- 각 레지스터는 메모리 장치에 최적화된 크기를 갖는다.

보기
ㄱ. PC의 크기는 12비트이다.
ㄴ. MAR에서 메모리로 연결된 "Address"는 16비트이다.
ㄷ. 하나의 명령어에 대한 패치(fetch) 동작 과정에서 PC와 IR 각각에 LD가 1번씩 enable이 된다.
ㄹ. 레지스터 전송문 "MBR←AC"의 수행을 위해서는 AC가 공통버스의 사용권을 얻어야 하고, MBR의 LD가 enable 되어야 한다.

① ㄱ, ㄴ　　② ㄱ, ㄹ　　③ ㄴ, ㄷ　　④ ㄱ, ㄷ, ㄹ　　⑤ ㄴ, ㄷ, ㄹ

3 컴퓨터 명령어

(1) 기본 컴퓨터의 명령어 형식

① 메모리 참조 명령어

15	14　　　　12	11　　　　　　　　　　　　0
I	OP code	Address

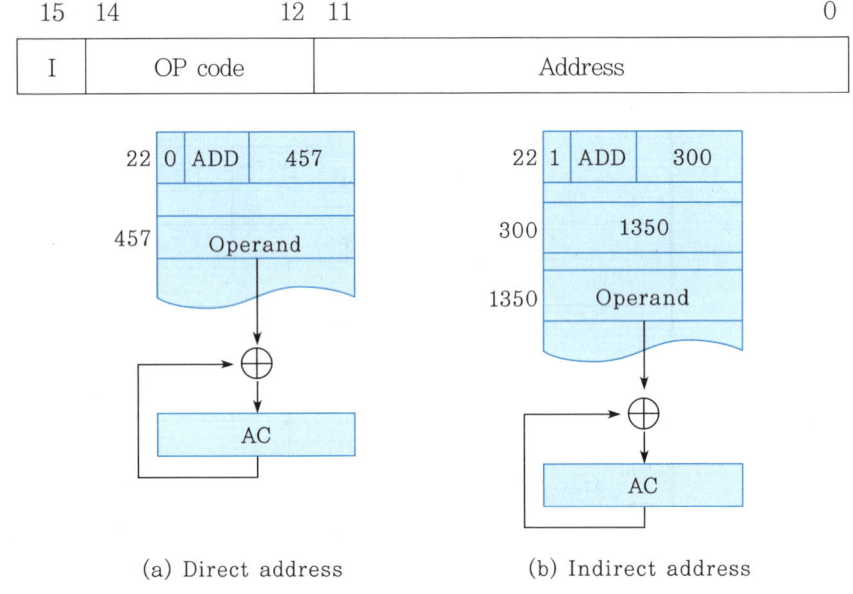

(a) Direct address　　　(b) Indirect address

② 레지스터 참조 명령어

③ 입·출력 명령어

(2) 메모리 참조 명령어

Mnemonic	Hexadecimal		마이크로 오퍼레이션
	I = 0	I = 1	
AND	0xxx	8xxx	D_0T_4 : DR ← M[AR] D_0T_5 : AC ← AC ∧ DR, SC ← 0
ADD	1xxx	9xxx	D_1T_4 : DR ← M[AR] D_1T_5 : AC ← AC + DR, E ← C_{OUT}, SC ← 0
LDA	2xxx	Axxx	D_2T_4 : DR ← M[AR] D_2T_5 : AC ← DR, SC ← 0
STA	3xxx	Bxxx	D_3T_4 : M[AR] ← AC, SC ← 0
BUN	4xxx	Cxxx	D_4T_4 : PC ← AR, SC ← 0
BSA	5xxx	Dxxx	D_5T_4 : M[AR] ← PC, AR ← AR + 1 D_5T_5 : PC ← AR, SC ← 0
ISZ	6xxx	Exxx	D_6T_4 : DR ← M[AR] D_6T_5 : DR ← DR + 1 D_6T_6 : M[AR] ← DR, if(DR=0) then PC ← PC + 1, SC ← 0

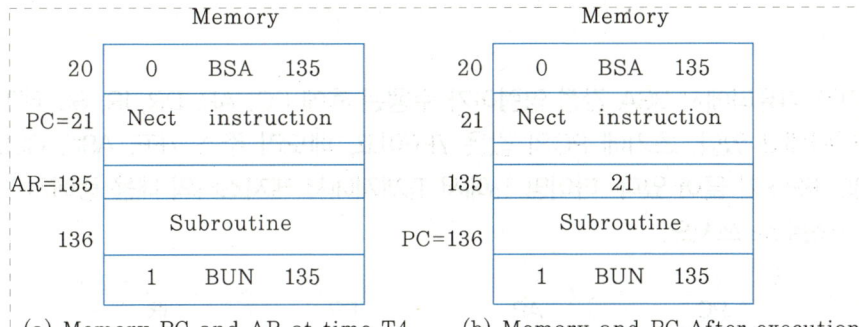

(a) Memory, PC, and AR at time T4   (b) Memory and PC After execution

〈BSA명령어의 실행 예〉

문제 15

기본 컴퓨터에서 021번지에 있는 명령어가 I=0이고, 연산 코드는 AND, ADD, LDA, STA, BUN, BSA, ISZ 명령어, 주소는 16진수 083이다. 메모리의 083번지에는 피연산자로 B8F2가 들어 있고, AC의 값은 A937이다. 명령 사이클의 실행단계 후에 PC, AR, DR, AC, IR레지스터의 내용을 쓰시오.

	PC	AR	DR	AC	IR
Initial	021	–	–	–	–
AND	022	083	B8F2	A832	0083
ADD	022	083	B8F2	6229	1083
LDA	022	083	B8F2	B8F2	2083
STA	022	083	–	A937	3083
BUN	083	083	–	A937	4083
BSA	084	084	–	A937	5083
ISZ	022	083	B8F3	A937	6083

문제 16

아래 표는 기본 컴퓨터에서 BSA 간접 명령어가 수행된 후에 PC, AR, DR, IR, SC 레지스터 각각의 내용을 나타내고 있다. 초기에 PC의 값은 7FF이고, 메모리 주소 7FF, A9F, C35에는 각각 DA9F, 0C35, FFFF가 들어 있다. 타이밍 T_0에서 T_5까지에서 레지스터의 내용 중에서 빈칸에 들어갈 주소를 16진수로 쓰시오.

	PC	AR	DR	IR	SC
Initial	7FF	–	–	–	0
T_0	7FF	7FF	–	–	1
T_1	800	7FF	–	DA9F	2
T_2	800	A9F	–	DA9F	3
T_3	800	C35	–	DA9F	4
T_4	800	C36	–	DA9F	5
T_5	C36	C36	–	DA9F	0

문제 17

기본 컴퓨터에서 ISZ간접 명령어가 수행된 후에 PC, AR, DR, IR, SC레지스터 각각의 내용을 보이시오. 초기에 PC의 값은 7FF이고, 메모리 주소 7FF, A9F, C35에는 각각 EA9F, 0C35, FFFF가 들어 있다. 각 레지스터에 해당하는 5열을 가진 표를 만들고, 각 행에는 매 타이밍 신호마다 해당하는 상승 클럭 변이 후의 레지스터 내용을 표시하시오.

	PC	AR	DR	IR	SC
Initial	7FF	–	–	–	0
T_0	7FF	7FF	–	–	1
T_1	800	7FF	–	EA9F	2
T_2	800	A9F	–	EA9F	3
T_3	800	C35	–	EA9F	4
T_4	800	C35	FFFF	EA9F	5
T_5	800	C35	0000	EA9F	6
T_6	801	C35	0000	EA9F	0

문제 18

그림의 〈공통버스 시스템〉에서 다음과 같은 제어 입력(I, II)이 활성화되어 있다. 여기에 해당하는 메모리 참조 명령어를 순서대로 쓰시오.

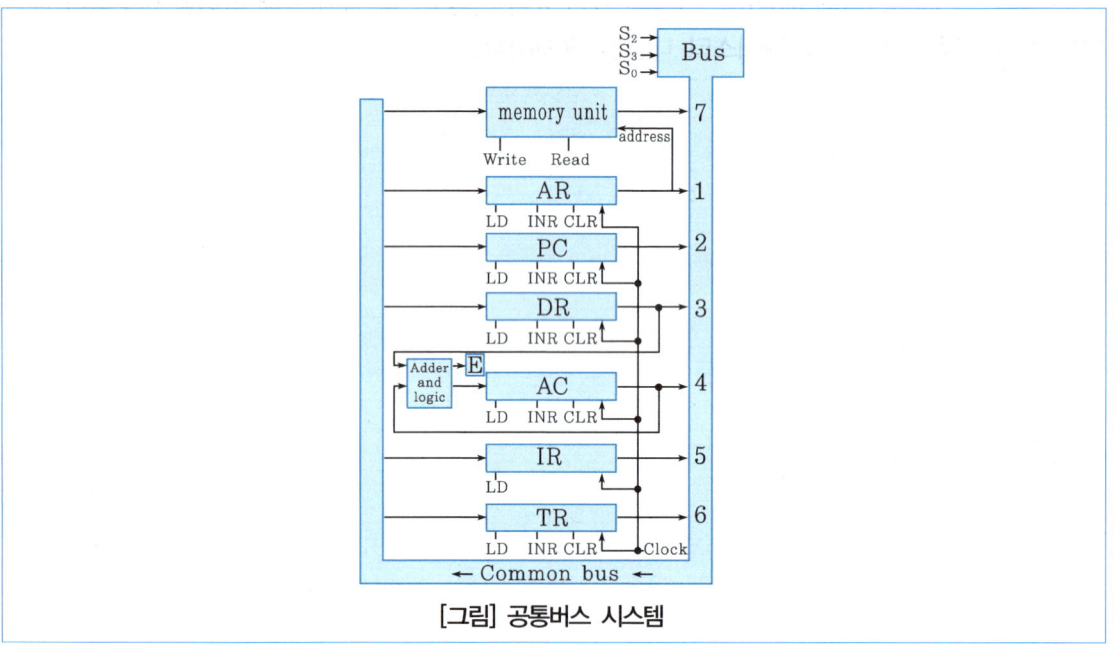

[그림] 공통버스 시스템

(가) 제어 입력(I)

시간	S_2	S_1	S_0	LD	INC	CLR	Memory	ADDER
T_4	0	1	0	–	AR	–	Write	–
T_5	0	0	1	PC	–	–	–	–

(나) 제어 입력(II)

시간	S_2	S_1	S_0	LD	INC	CLR	Memory	ADDER
T_4	1	1	1	DR	–	–	Read	–
T_5	0	0	0	–	DR	–	–	–
T_6	0	1	1	–	–	–	Write	–

(3) 레지스터 참조 명령어(r = $D_7'I'T_3$)

Mnemonic	마이크로 오퍼레이션	기능	IR
CLA	rB_{11} : AC←0	AC의 내용을 초기화한다.	7800
CLE	rB_{10} : E←0	캐리 플립플롭의 비트를 초기화한다.	7400
CMA	rB_9 : AC←AC'	AC을 1의 보수화시킨다.	7200
CME	rB_8 : E←E'	캐리 플립플롭의 비트를 1의 보수화시킨다.	7100
CIR	rB_7 : AC← shr AC, AC(15)←E, E←AC(0)	AC와 E를 오른쪽으로 회전시킨다.	7080
CIL	rB_6 : AC← shl AC, AC(0)←E, E←AC(15)	AC와 E를 왼쪽으로 회전시킨다.	7040
INC	rB_5 : AC←AC + 1	AC의 내용을 자동 1증가시킨다.	7020
SPA	rB_4 : IF (AC(15)=0) then (PC←PC+1)	AC의 결과가 양수이면 다음 명령어로 skip한다.	7010
SNA	rB_3 : IF (AC(15)=1) then (PC←PC+1)	AC의 결과가 음수이면 다음 명령어로 skip한다.	7008
SZA	rB_2 : IF (AC=0) then (PC←PC+1)	AC의 결과가 '영'이면 다음 명령어로 skip한다.	7004
SZE	rB_1 : IF (E=0) then (PC←PC+1)	E의 비트가 '영'이면 다음 명령어로 skip한다.	7002
HLT	rB_0 : S←0	컴퓨터를 중지시킨다.	7001

기본 컴퓨터의 구조와 설계

문제 19

기본 컴퓨터에서 AC에는 16진수로 A937이 들어 있고, 초기에 PC의 값은 021이며, E는 1이다. 아래의 명령이 수행된 후 E, AC, PC, AR, IR 각각의 값을 구하시오.

레지스터 참조 명령어	E	AC	PC	AR	IR
CLA	1	0000	022	021	7800
CLE	0	A937	022	021	7400
CMA	1	56C8	022	021	7200
CME	0	A937	022	021	7100
CIR	1	D49B	022	021	7080
CIL	1	526F	022	021	7040
INC	1	A938	022	021	7020
SPA	1	A937	022	021	7010
SNA	1	A937	023	021	7008
SZA	1	A937	022	021	7004
SZE	1	A937	022	021	7002
HLT	1	A937	022	021	7001

(4) 입출력 참조 명령어(p = D_7IT_3)

Mnemonic	마이크로 오퍼레이션	기능
INP	pB_{11} : AC(0~7)←INPR, FGI←0	AC로 문자 입력
OUT	pB_{10} : OUTR←AC(0~7), FGO←0	AC로부터 문자 출력
SKI	pB_9 : IF (FGI=1) then (PC←PC+1)	입력 플래그로 스킵
SKO	pB_8 : IF (FGO=1) then (PC←PC+1)	출력 플래그로 스킵
ION	pB_7 : IEN←1	인터럽트 허용
IOF	pB_6 : IEN←0	인터럽트 허용 않음

	Code=1111			입출력 동작 및 테스트 종류											
1	2	3	4	5	6	7	8	9	10	11	12	13	14	15	16
INP	1111(F)			1000(8)				0000(0)				0000(0)			F800
OUT	1111(F)			0100(4)				0000(0)				0000(0)			F400
SKI	1111(F)			0010(2)				0000(0)				0000(0)			F200
SKO	1111(F)			0001(1)				0000(0)				0000(0)			F100
ION	1111(F)			0000(0)				1000(8)				0000(0)			F080
IOF	1111(F)			0000(0)				0100(4)				0000(0)			F040

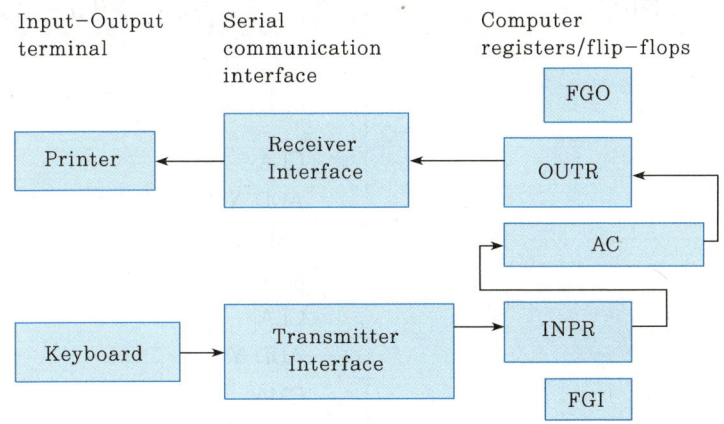

① 입력 과정은 FGI = 0이면 8비트 코드가 INPR에 시프트되고 FGI =1이 된다.
   또한, FGI = 1이면 INPR로부터 AC로 병렬 전송하고 FGI = 0이 된다.
② 출력 과정은 FGO = 1이면 AC로부터 OUTR로 정보를 병렬 전송하고 FGO =0이 된다.
   또한, FGO = 0이면 출력장치는 OUTR로부터 정보를 가져가고 FGO = 1이 된다.

문제 20

다음의 〈블록도〉는 16가지 논리 기능을 발생시키는 최소한의 조합논리회로이다. 아래 표의 (가)와 (나)에 대한 선택변수(I_0, I_1, I_2, I_3) 4개의 값을 순서대로 쓰시오.

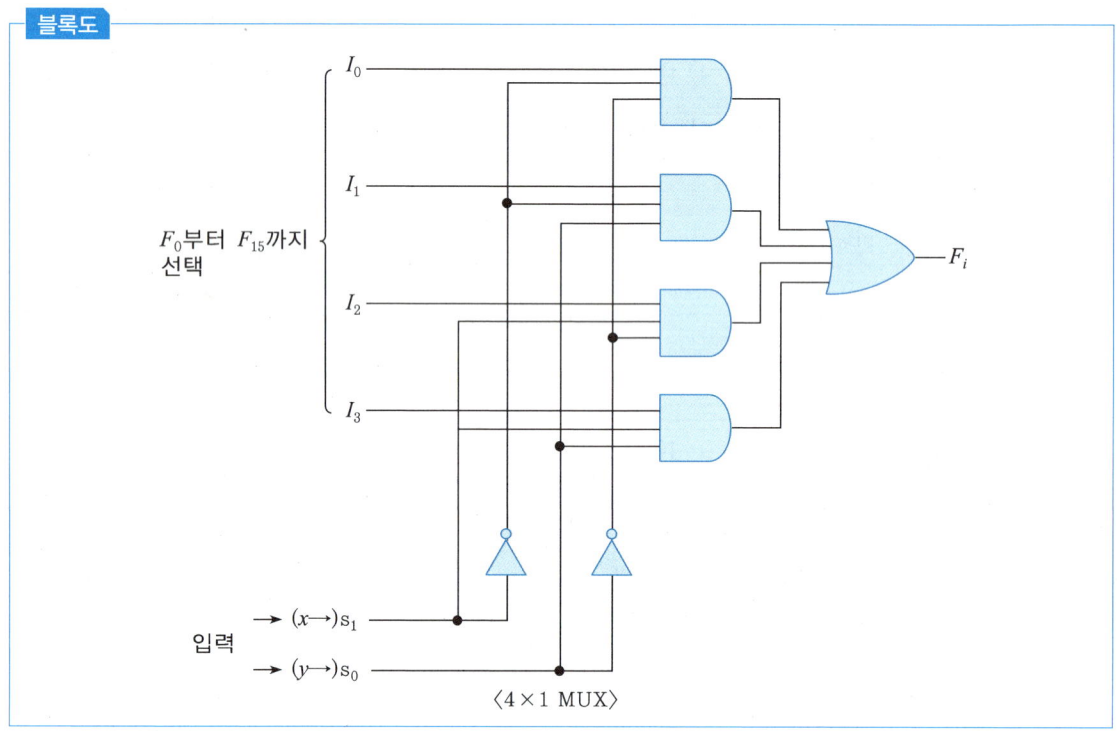

(가)	(나)
CLA	
ADD Y	
CMA	
AND X	CLA
CMA	ADD X
STA Z	CMA
CLA	STA Z
ADD X	CLA
CMA	ADD Y
AND Y	CMA
CMA	AND Z
AND Z	
CMA	

4 인터럽트(Interrupt)

(1) 프로그램 인터럽트

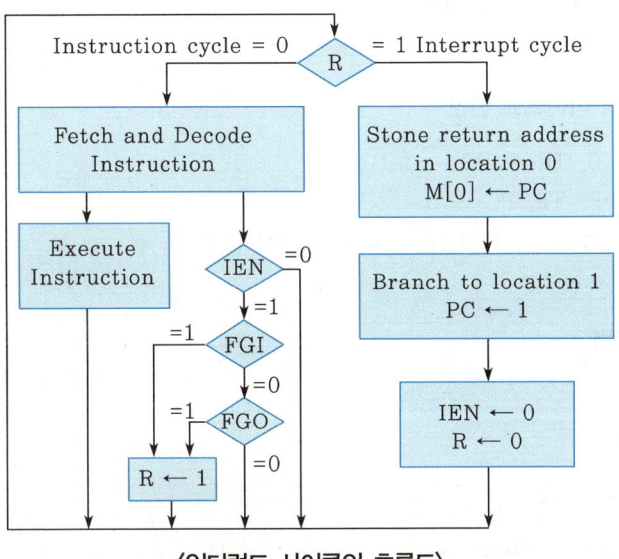

〈인터럽트 사이클의 흐름도〉

① IEN = 0이면 컴퓨터를 인터럽트시킬 수 없고, IEN = 1이면 인터럽트를 걸 수 있다.
② R = 0이면 명령어 사이클을 수행하고, R = 1이면 인터럽트 사이클을 수행한다.
③ 명령어 사이클의 실행 단계에서 IEN을 검사하고 그 값이 1이면, 플래그 비트(FGI, FGO)를 검사한다.
④ 두 플래그 비트가 모두 0이면 다음 명령어 사이클을 계속 수행한다.
⑤ 만약 두 플래그 중에서 하나라도 그 값이 1이면, R은 1로 세트되고 인터럽트 사이클을 수행한다.
⑥ 인터럽트 사이클의 수행과정

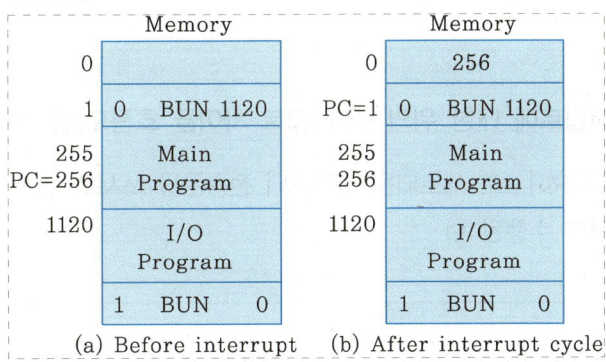

(2) 인터럽트 사이클

① 인터럽트 사이클의 레지스터 전송문

> $T_0'T_1'T_2'$ (IEN) (FGI + FGO) : R ← 1

② 인터럽트 사이클의 마이크로 연산

> RT_0 : AR ← 0, TR ← PC
> RT_1 : M[AR] ← TR, PC ← 0
> RT_2 : PC ← PC + 1, IEN ← 0, R ← 0, SC ← 0

(3) IEN에 대한 제어 입력

> pB_7 : IEN ← 1
> pB_6 : IEN ← 0
> RT_2 : IEN ← 0

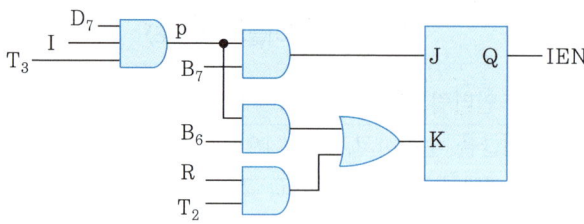

문제 21

다음의 프로그램 인터럽트에 대한 위의 〈인터럽트 사이클 흐름도〉를 보고 물음에 답하시오.

1. 인터럽트 플립플롭인 R이 1로 세트되는 레지스터 전송문을 쓰시오. (단, 타이밍 신호 T0, T1, T2, 외의 어떤 시간에서도 수행된다.)

   • 레지스터 전송문 : _____

2. 입력 프로그램이 메모리의 1500번지에 적재되어 있고 이 프로그램은 IEN=1인 동안 FGI가 1로 될 때 1번지에 들어갈 명령어와 입력 프로그램 마지막에 들어갈 명령어를 쓰시오.

   • 1번지 : _____
   • 마지막 번지 : _____

5 컴퓨터에 대한 완전한 기술

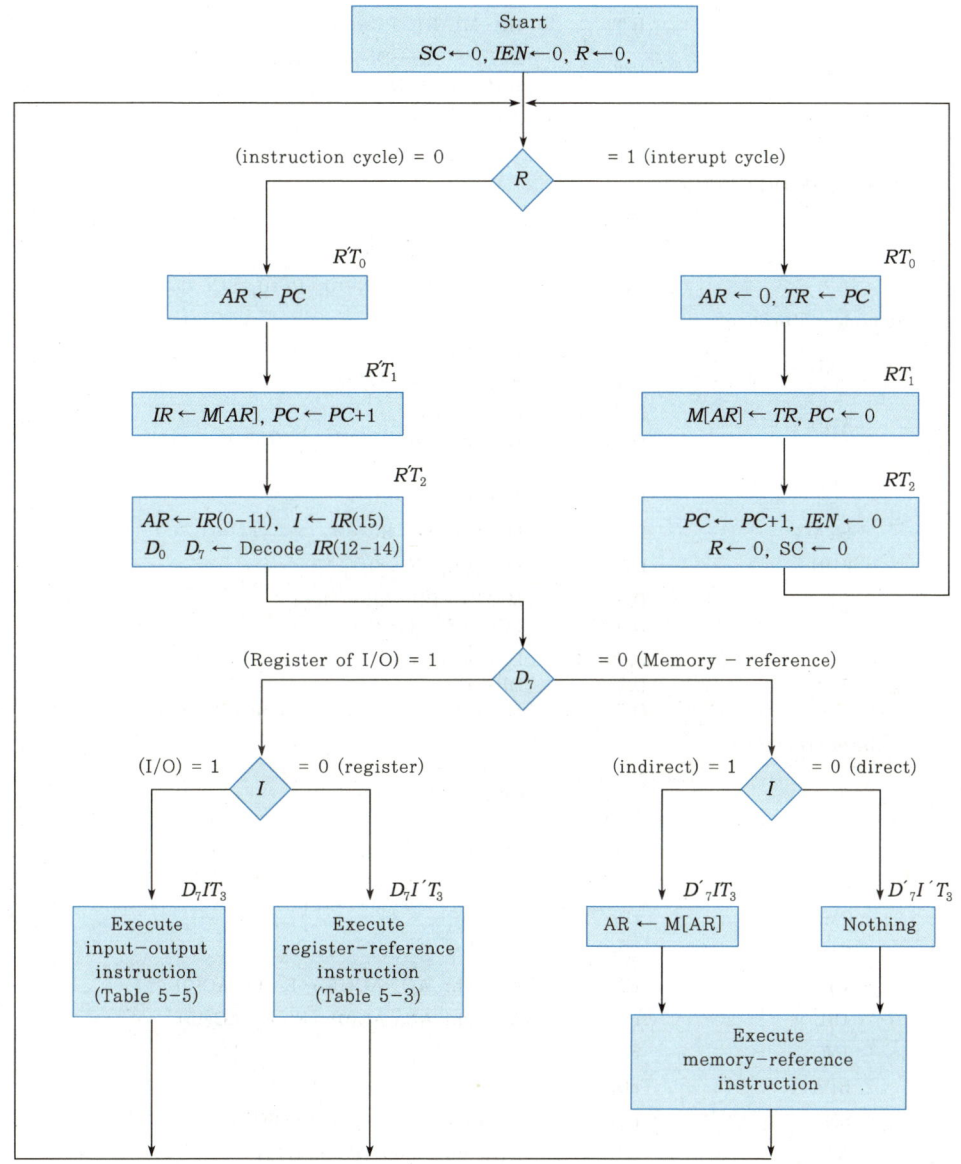

〈컴퓨터에 대한 제어함수와 마이크 연산표〉

Fetch		$R'T_0$:	$AR \leftarrow PC$
		$R'T_1$:	$IR \leftarrow M[AR]$, $PC \leftarrow PC+1$
Decode		$R'T_2$:	$D_0 \ldots \ldots D_7 \leftarrow$ Decode IR(12-14)
			$AR \leftarrow IR(0-11)$, $I \leftarrow IR(15)$
Indirect			$AR \leftarrow M[AR]$
Interrupt			
$T_0'T_1'T_2'(IEN)(FGI+FGO)$		:	$R \leftarrow 1$
		RT_0 :	$AR \leftarrow 0$, $TR \leftarrow PC$
		RT_1 :	$M[AR] \leftarrow TR$, $PC \leftarrow 0$
		RT_2 :	$PC \leftarrow PC+1$, $IEN \leftarrow 0$, $R \leftarrow 0$, $SC \leftarrow 0$
Memory-reference			
AND		D_0T_4 :	$DR \leftarrow M[AR]$
		D_0T_5 :	$AC \leftarrow AC \wedge DR$, $SC \leftarrow 0$
ADD		D_1T_4 :	$DR \leftarrow M[AR]$
		D_1T_5 :	$AC \leftarrow AC+DR$, $E \leftarrow C_{OUT}$, $SC \leftarrow 0$
LDA		D_2T_4 :	$DR \leftarrow M[AR]$
		D_2T_5 :	$AC \leftarrow DR$, $SC \leftarrow 0$
STA		D_3T_4 :	$M[AR] \leftarrow AC$, $SC \leftarrow 0$
BUN		D_4T_4 :	$PC \leftarrow AR$, $SC \leftarrow 0$
BSA		D_5T_4 :	$M[AR] \leftarrow PC$, $AR \leftarrow AR+1$
		D_5T_5 :	$PC \leftarrow AR$, $SC \leftarrow 0$
ISZ		D_6T_4 :	$DR \leftarrow M[AR]$
		D_6T_5 :	$DR \leftarrow DR+1$
		D_6T_5 :	$M[AR] \leftarrow DR$, if(DR=0) then($PC \leftarrow PC+1$), $SC \leftarrow 0$
Register-reference			
		$D_7I'T_3 = r$	
		$IR(i) = B_i$ (i= 0,1,2,3,……11)	
		r : $SC \leftarrow 0$	
CLA		rB_{11} :	$AC \leftarrow 0$
CLE		rB_{10} :	$E \leftarrow 0$
CMA		rB_9 :	$AC \leftarrow AC'$
CME		rB_8 :	$E \leftarrow E'$
CIR		rB_7 :	$AC \leftarrow$ shr AC, $AC(15) \leftarrow E$, $E \leftarrow AC(0)$
CIL		rB_6 :	$AC \leftarrow$ shl AC, $AC(0) \leftarrow E$, $E \leftarrow AC(15)$
INC		rB_5 :	$AC \leftarrow AC+1$
SPA		rB_4 :	if(AC(15)=0) then ($PC \leftarrow PC+1$)
SNA		rB_3 :	if(AC(15)=1) then ($PC \leftarrow PC+1$)
SZA		rB_2 :	if(AC=0) then ($PC \leftarrow PC+1$)
SZE		rB_1 :	if(E=0) then ($PC \leftarrow PC+1$)
HLT		rB_0 :	$S \leftarrow 0$
Input-output			
		$D_7IT_3 = p$	
		$IR(i) = B_i$ (i= 0,1,2,3,……11)	
		p : $SC \leftarrow 0$	
INP		pB_{11} :	$AC(0-7) \leftarrow INPR$, $FGI \leftarrow 0$
OUT		pB_{10} :	$OUTR \leftarrow AC(0-7)$, $FGO \leftarrow 0$
SKI		pB_9 :	if(FGI=1) then ($PC \leftarrow PC+1$)
SKO		pB_8 :	if(FGO=1) then ($PC \leftarrow PC+1$)
ION		pB_7 :	$IEN \leftarrow 1$
IOF		pB_6 :	$IEN \leftarrow 0$

6 기본 컴퓨터의 설계

(1) AR의 제어 회로도와 제어함수

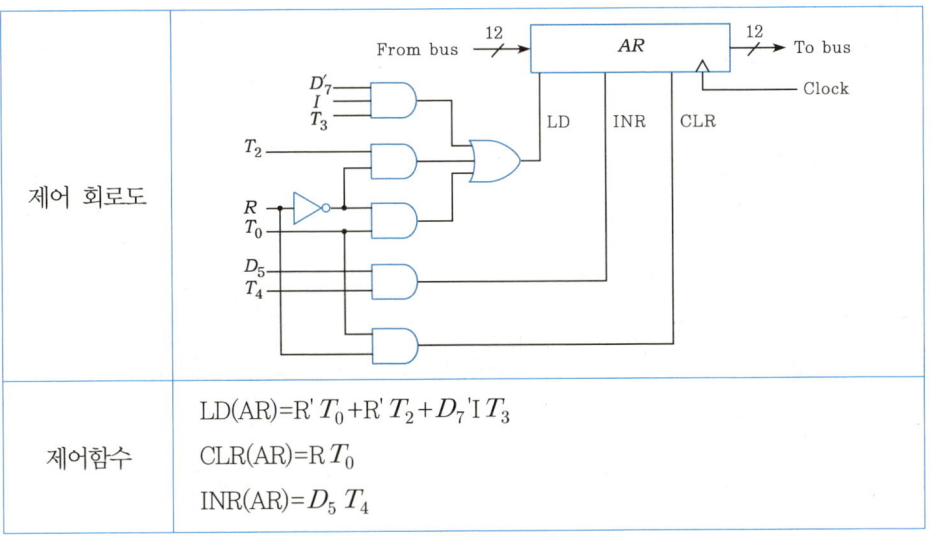

제어 회로도	
제어함수	$LD(AR) = R'T_0 + R'T_2 + D_7'IT_3$ $CLR(AR) = RT_0$ $INR(AR) = D_5 T_4$

(2) AC의 제어 회로도와 제어함수

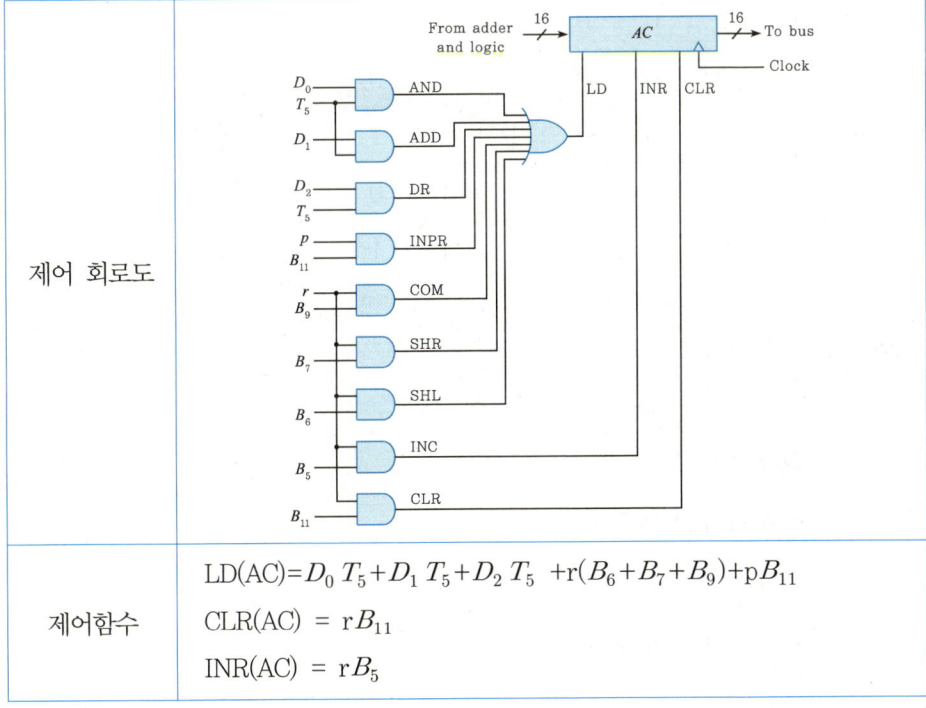

제어 회로도	
제어함수	$LD(AC) = D_0 T_5 + D_1 T_5 + D_2 T_5 + r(B_6 + B_7 + B_9) + pB_{11}$ $CLR(AC) = rB_{11}$ $INR(AC) = rB_5$

(3) DR과 TR의 제어함수

DR 제어함수	LD(DR) = $D_0 T_4 + D_1 T_4 + D_2 T_4 + D_6 T_4$ CLR(DR) = $\varnothing$ INR(DR) = $D_6 T_5$
TR 제어함수	LD(TR) = $R T_0$ CLR(TR) = $\varnothing$ INR(TR) = $\varnothing$

(4) 버스 선택 입력 진리표(8 X 3 인코더)

Input								Output			Register selected for bus
X_1	X_2	X_3	X_4	X_5	X_6	X_7		S_2	S_1	S_0	
0	0	0	0	0	0	0		0	0	0	NONE
1	0	0	0	0	0	0		0	0	1	AR
0	1	0	0	0	0	0		0	1	0	PC
0	0	1	0	0	0	0		0	1	1	DR
0	0	0	1	0	0	0		1	0	0	AC
0	0	0	0	1	0	0		1	0	1	IR
0	0	0	0	0	1	0		1	1	0	TR
0	0	0	0	0	0	1		1	1	1	Memory

(5) 버스 선택 입력 부울 함수

입력	식
X_1(AR)	$D_4 T_4 + D_5 T_5$
X_2(PC)	$R' T_0 + R T_0 + D_5 T_4$
X_3(DR)	$D_6 T_6$
X_4(AC)	$D_3 T_4 + (B_6 + B_7)r$
X_5(IR)	$R' T_2$
X_6(TR)	$R T_1$
X_7(Mem)	$R' T_1 + D_7' I T_3 + (D_0 + D_1 + D_2 + D_6) T_4$

(6) Read, Write, E에 영향을 미치는 제어함수
   ① Read = $R'T_1+D_7'IT_3+(D_0+D_1+D_2+D_6)T_4$
   ② Write = $RT_1+D_3T_4+D_5T_4+D_6T_6$
   ③ E = $D_1T_5 + r(B_{10} + B_8 + B_7 + B_6)$

기출 2007 - 23 [그림]과 같이 레지스터와 메모리를 연결하는 공통버스 시스템을 갖는 컴퓨터가 있다. 이 컴퓨터에서 사용하는 마이크로 연산의 형식은 다음과 같다. 제어함수가 참이면 마이크로동작이 수행된다.

제어함수 : 마이크로동작

이 컴퓨터에서 수행되는 〈표〉 전체 마이크로연산 목록을 참조하여, AR의 입력 CLR(clear, AR의 값을 지움) 및 PC의 입력 INR(increase, PC의 값을 1증가)의 논리식을 쓰시오. [4점]

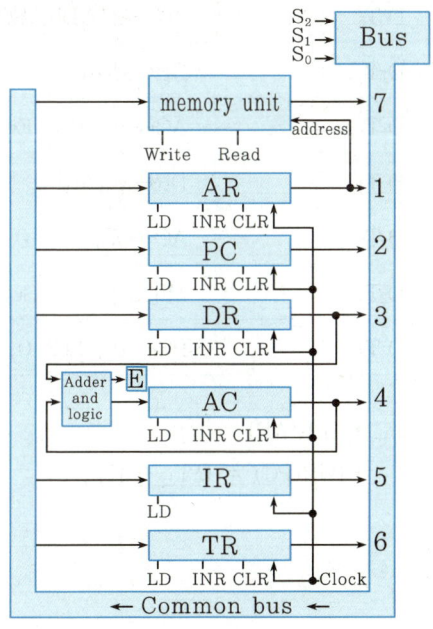

[그림] 공통버스 시스템

〈표〉 전체 마이크로연산 목록

매크로 동작	제어함수	마이크로동작
Fetch	$R'T_0$	AR←PC
	$R'T_1$	IR←M[AR], PC←PC+1
Decode	$R'T_2$	$D_0, \cdots, D_7$←Decode IR(12−14), AR←IR(0−11), I←IR(15)
Indirect	$D_7'IT_3$	AR←M[AR]
Interrupt	$T_0'T_1'T_2'IEN$	R←1
	RT_0	AR←0, TR←PC
	RT_1	M[AR]←TR, PC←0
	RT_2	PC←PC+1, IEN←0, R←0, SC←0
AND	D_0T_4	DR←M[AR]
	D_0T_5	AC←AC∧DR, SC←0
ADD	D_1T_4	DR←M[AR]
	D_1T_5	AC←AC+DR, E←C_{out}, SC←0
LDA	D_2T_1	DR←MI[AR]
	D_2T_5	AC←DR, SC←0
STA	D_3T_4	MI[AR]←AC, SC←0
BUN	D_4T_4	PC←AR, SC←0

- CLR(AR) = $\underline{RT_0}$
- INR(PC) = $\underline{R'T_1 + RT_2}$

마이크로 프로그램된 제어

1 범용 컴퓨터

(1) 하드웨어 구성

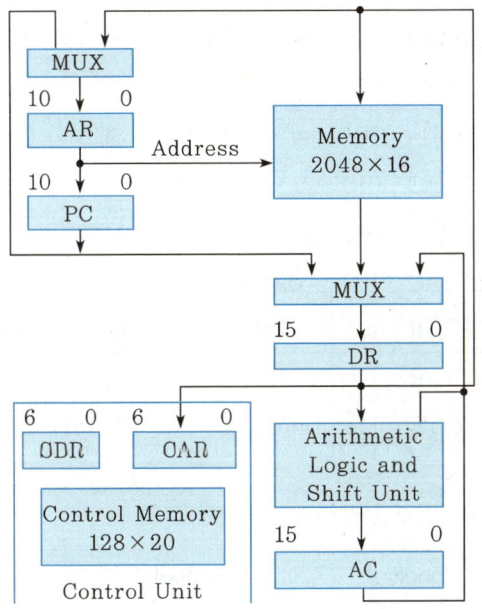

(2) 범용 컴퓨터 명령어

```
15 14    11 10              0
| I | Opcode |    Address    |
```
(a) Instruction Format

Symbol	Opcode	Description
ADD	0000	AC ← AC + M[EA]
BRANCH	0001	If(AC<0) then (PC←EA)
STORE	0010	M[EA]←AC
EXCHANGE	0011	AC←M[EA], M[EA]←AC

(b) Four Computer Instruction

2 마이크로 명령어

(1) 마이크로 명령어 코드 형식(20비트)

F1	F2	F3	CD	BR	AD
Microoperation field (9비트)			condition for branching(2비트)	Branch field(2비트)	Address field (7비트)

(2) 마이크로 명령어의 각 필드에 대한 기호와 이진코드

F1	Microoperation	Symbol	F2	Microoperation	Symbol	F3	Microoperation	Symbol
000	NONE	NOP	000	NONE	NOP	000	NONE	NOP
001	AC←AC+DR	ADD	001	AC←AC−DR	SUB	001	AC←AC⊕DR	XOR
010	AC←0	CLRAC	010	AC←AC∨DR	OR	010	AC←$\overline{AC}$	COM
011	AC←AC+1	INCAC	011	AC←AC∧DR	AND	011	AC←shl AC	SHL
100	AC←DR	DRTAC	100	DR←M[AR]	READ	100	AC←shr AC	SHR
101	AR←DR(0−10)	DRTAR	101	DR←AC	ACTDR	101	PC←PC+1	INCPC
110	AR←PC	PCTAR	110	DR←DR+1	INCDR	110	PC←AR	ARTPC
111	M[AR]←DR	WRITE	111	DR(0−10)←PC	PCTDR	111	Reserved	

(3) CD(Condition) 필드

CD	Condition	Symbol	기능
00	Aways =1	U	Unconditional branch
01	DR(15)	I	Indirect address bit
10	AC(15)	S	Sign bit of AC
11	AC=0	Z	Zero value in AC

(4) BR(Branch) 필드

BR	Symbol	기능
00	JMP	CAR←AD if condition = 1 CAR←CAR + 1 if condition = 0
01	CALL	CAR←AD, SBR←CAR+1 if condition = 1 CAR←CAR + 1 if condition = 0
10	RET	CAR←SBR
11	MAP	CAR(2−5)←DR(11−14), CAR(0,1,6)←0

(5) AD(Address) 필드
① 기호 주소 : 라벨로 프로그램상에 나타나야 한다.
② NEXT : 이는 연속된 다음 주소를 뜻한다.
③ BR이 RET이나 MAP이면 AD는 공란으로 둔다.

〈Fetch 루틴의 예〉

마이크로명령어	AR ← PC DR ← M[AR], PC ← PC + 1 AR ← DR(0-10), CAR(2-5) ← DR(11-14), CAR(0,1,6) ← 0

어셈블리어	ORG 64
	FETCH : PCTAR U JMP NEXT
	           READ, INCPC U JMP NEXT
	           DRTAR U MAP

이진 코드	번지 F1 F2 F3 CD BR AD 1000000 110 000 000 00 00 1000001 1000001 000 100 101 00 00 1000010 1000010 101 000 000 00 11 0000000

(6) 명령어의 매핑
다음은 4비트의 OP-코드를 7비트의 주소로 매핑(Mapping)하는 작업을 나타낸 것이다.

Computer Instruction: 1 0 1 0   Address
Mapping Bits: 0 X X X X 0 0
Microinstruction address: 0 1 0 1 1 0 0

문제 22

다음은 컴퓨터 명령어를 제어 메모리 주소로의 매핑에 대한 물음이다.

(1) 다음은 4비트 op 코드를 7비트 마이크로 명령어 주소로 매핑하는 방법이다. 위의 매핑 방법을 보고 첫 번째 마이크로 명령어 주소를 결정하시오.

　① 1010 : _____
　② 0111 : _____
　③ 0110 : _____

(2) 각 마이크로 동작 루틴에 대해 여덟 개의 제어단어를 공급하는 매핑 작업을 수행한다. 여기서, op코드가 5bit이고, 제어메모리가 1024 word라면 제어 메모리의 주소의 형식은 어떻게 되겠는가?

　• 제어메모리 주소 : _____

문제 23

위의 〈표〉을 이용하여 다음 각 마이크로 연산들에 대한 9비트 마이크로 연산 필드의 내용을 쓰시오.

(1) AC ← AC + 1, DR ← DR + 1　⇨　_____
(2) PC ← PC + 1, DR ← M[AR]　⇨　_____
(3) DR ← AC, AC ← DR　　　　　⇨　_____

문제 24

위의 〈표〉을 이용하여 다음에서 기호를 나타낸 각 마이크로 연산들을 레지스터 전송문과 이진 기호로 바꾸어 나타내시오.

(1) READ, INCPC
　• 레지스터 전송문 : _____
　• 이진 기호　　　 : _____

(2) ACTDR, DRTAC
　• 레지스터 전송문 : _____
　• 이진 기호　　　 : _____

(3) ARTPC, DRTAC, WRITE
　• 레지스터 전송문 : _____

문제 25

다음은 컴퓨터의 명령어에 대한 기호 마이크로 프로그램이다. 이 명령이 실행되었을 때 수행되는 동작을 쓰시오.

```
ORG  40
NOP      S    JMP    FETCH
NOP      Z    JMP    FETCH
NOP      I    CALL   INDRCT
ARTPC    U    JMP    FETCH
```

• _____

문제 26

다음의 보기는 기본 컴퓨터 명령어에 대한 기호 마이크로 프로그램 루틴이다. ①, ②, ③에 해당하는 컴퓨터 명령어를 쓰시오.

보기

①
Micro operation	CD	BR	AD
NOP	I	CALL	INDRCT
READ	U	JMP	NEXT
DRTAC	U	JMP	FETCH

②
Micro operation	CD	BR	AD
NOP	I	CALL	INDRCT
PCTDR, ARTPC	U	JMP	NEXT
WRITE, INCPC	U	JMP	FETCH

③
Micro operation	CD	BR	AD
NOP	I	CALL	INDRCT
READ	U	JMP	NEXT
INCDR	U	JMP	NEXT
DRTAC, ACTDR	U	JMP	NEXT
DRTAC, ACTDR	Z	JMP	ST
WRITE	U	JMP	FETCH
ST : WRITE, INCPC	U	JMP	FETCH

① _____
② _____
③ _____

3 제어장치 설계

(1) 마이크로 연산 필드의 디코딩

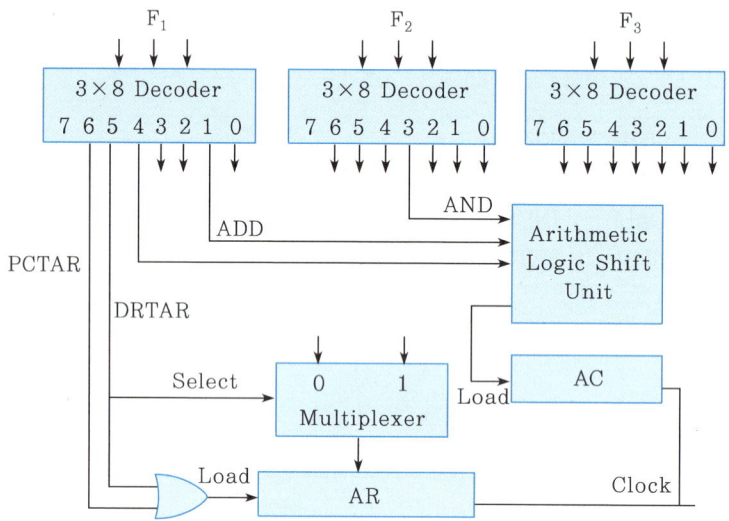

문제 27

위 〈그림〉의 시스템은 32비트의 1024워드로 구성된 제어 메모리를 사용한다. 마이크로 명령어는 세 개의 필드로 구성되어 있고, 마이크로 연산 필드는 16비트이다.

(1) 연산 필드, 선택과 분기 필드, 주소 필드는 각각 몇 비트인가?

(2) 시스템에 16개의 상태비트가 있다면, 분기 논리 중에서 몇 비트가 상태비트를 선택하는 데 사용되는가?

_____

(3) 멀티플렉서를 위한 입력을 선택하기 위해서는 몇 비트가 필요한가?

_____

(2) 제어 메모리에 대한 주소의 선택

제어 메모리에서 주소 결정 방법	0. 제어주소 레지스터를 하나 증가시킴 1. 무조건 분기와 상태 비트 조건에 따른 조건부 분기 2. 서브루틴을 호출하고 복귀하는 기능 3. 명령어의 비트들로부터 제어 메모리의 주소로 매핑하는 처리

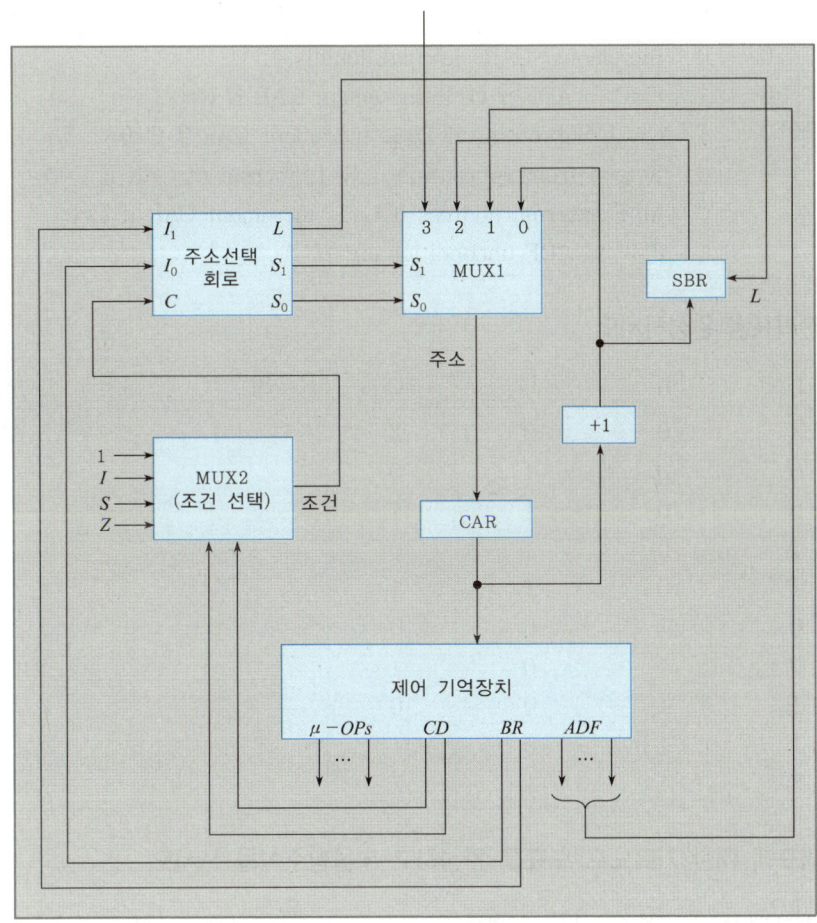

- $S_1 = I_1$
- $S_0 = I_1 I_0 + I_1' C$
- $L = I_1' I_0 C$

BR field		Input			MUX 1		Load SBR
		I_1	I_0	C	S_1	S_0	L
0	0	0	0	0	0	0	0
0	0	0	0	1	0	1	0
0	1	0	1	0	0	0	0
0	1	0	1	1	0	1	1
1	0	1	0	x	1	0	0
1	1	1	1	x	1	1	0

SECTION 3 마이크로 프로그램된 제어

문제 28

위의 〈마이크로 프로그램 시퀀스〉의 입력 논리는 네 개의 입력 I_2, I_1, I_0, C와 세 개의 출력 S_1, S_0, L을 갖고 있다고 가정하자. 그러한 장치에서 수행될 수 있는 동작은 다음의 표와 같을 때, 최소의 게이트 사용하여 입력논리 회로를 설계하고자 한다.

〈표〉

I_2	I_1	I_0	동작
X	0	0	increment CAR unconditionally
0	0	1	JMP to ADF if C=1, increment CAR if C=0
1	0	1	CALL Subroutine if C=1, increment CAR if C=0
0	1	0	Retrun from subroutine if C=1, increment CAR if C=0
1	1	0	MAP external address if C=1, increment CAR if C=0
X	1	1	JMP to ADF unconditionally

(1) 다음의 진리표를 완성하시오.

I_2	I_1	I_0	C	S_1	S_0	L
X	0	0	X			
0	0	1	0			
0	0	1	1			
1	0	1	0			
1	0	1	1			
0	1	0	0			
0	1	0	1			
1	1	0	0			
1	1	0	1			
X	1	1	X			

(2) 위의 진리표에 대한 카르노프 도표를 완성하고 부울함수식을 쓰시오.

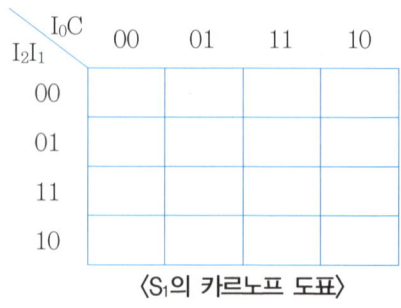

〈S_1의 카르노프 도표〉   〈S_0의 카르노프 도표〉

- S_1 = _____
- S_0 = _____
- L = _____

SECTION 4 중앙처리 장치(CPU)

1 범용 레지스터 구조

(1) **7개의 CPU 레지스터를 가진 버스의 구조**

각 레지스터의 출력은 두 개의 멀티플렉서에 연결되어 입력 버스 A와 B를 구성한다. 각 멀티플렉서의 선택라인은 7개 중 1개의 레지스터나 입력 데이터를 고르게 되고 A와 B의 버스는 ALU의 입력이 된다. 그리고 ALU에서 선택된 동작은 수행되어야 할 산술 또는 논리 마이크로 연산을 결정한다. 마이크로 연산의 결과는 출력 데이터로 쓰이기도 하며, 또한 목적지 버스(D)를 통하여 레지스터의 입력으로도 사용된다. 목적지 레지스터는 디코더에 의해 선택되어 D버스로부터 정보를 받는다. 디코더는 레지스터의 로드를 가능하게 하여 D버스와 선택된 목적지간의 정보 전달로를 만들어준다.

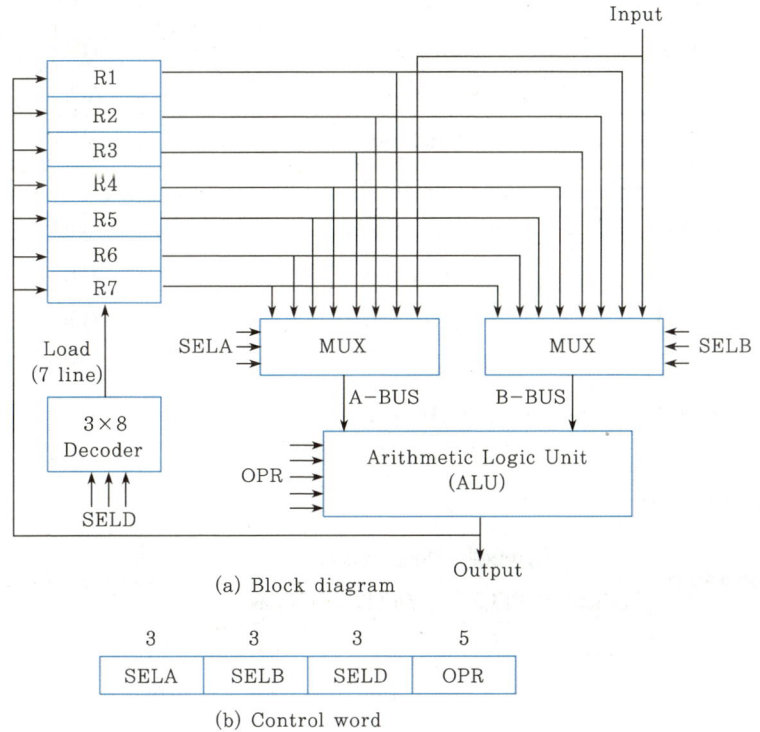

(a) Block diagram

3	3	3	5
SELA	SELB	SELD	OPR

(b) Control word

(2) **R1 ← R2 + R3의 마이크로 연산 동작**

① MUX A selector : R2의 내용을 A 버스에 넣는다.
② MUX B selector : R3의 내용을 B 버스에 넣는다.
③ ALU function selector : A + B를 위한 연산 동작을 하게 한다.
④ Decoder destination selector : 출력 버스의 내용을 R1에 전달한다.

중앙처리 장치(CPU)

(3) 제어 워드

① 레지스터 선택 필드의 인코딩

Binary Code	SELA	SELB	SELD
000	Input	Input	None
001	R1	R1	R1
010	R2	R2	R2
011	R3	R3	R3
100	R4	R4	R4
101	R5	R5	R5
110	R6	R6	R6
111	R7	R7	R7

② ALU연산의 인코딩

OPR Select	Operation	Symbol
00000	Transfer A	TSFA
00001	Increment A	INCA
00010	Add A + B	ADD
00101	Subtract A − B	SUB
00110	Decrement A	DECA
01000	AND A and B	AND
01010	OR A and B	OR
01100	XOR A and B	XOR
01110	Complement A	COMA
10000	Shift right A	SHRA
11000	Shift left A	SHLA

③ 마이크로 연산의 예

Microoperation	Symbolic Designation				Control World
	SELA	SELB	SELD	OPR	
R1←R2 − R3	R2	R3	R1	SUB	010 011 001 00101
R4←R4∨R5	R4	R5	R4	OR	100 101 100 01010
R6←R6 + 1	R6	−	R6	INCA	110 000 110 00001
R7←R1	R1	−	R7	TSFA	001 000 111 00000
Output←R2	R2	−	None	TSFA	010 000 000 00000
Output←Input	Input	−	None	TSFA	000 000 000 00000
R4←sh1 R4	R4	−	R4	SHLA	100 000 100 11000
R5←0	R5	R5	R5	XOR	101 101 101 01100

문제 29

위의 〈범용 레지스터 구조를 가진 ALU〉과 〈ALU 연산의 인코딩〉을 보고 물음에 답하시오.

ALU 연산의 인코딩

OPR Select	Operation	Symbol
00000	Transfer A	TSFA
00001	Increment A	INCA
00010	Add A + B	ADD
00101	Subtract A − B	SUB
00110	Decrement A	DECA
01000	AND A and B	AND
01010	OR A and B	OR
01100	XOR A and B	XOR
01110	Complement A	COMA
10000	Shift right A	SHRA
11000	Shift left A	SHLA

(1) 위의 그림과 16비트짜리 8개 레지스터와 ALU, 목적지 디코더를 가진 버스 구조의 CPU가 있다고 가정할 때

① MUX A와 MUX B에 필요한 선택 입력선은 몇 개인지 쓰시오.

② 디코더에는 몇 개의 입력과 출력선이 필요한지 쓰시오.

③ ALU가 31가지 연산을 수행할 때 제어워드의 비트 크기를 나타내시오.

(2) 다음의 마이크로 연산에 대한 제어워드를 표시하시오.

Micro operation	Control word
R2 ← R4 − R3	
R5 ← R5 + R1	
R6 ← R6 − 1	
R7 ← Shr R7	
output ← R1	

2 스택 구조

(1) 레지스터 스택

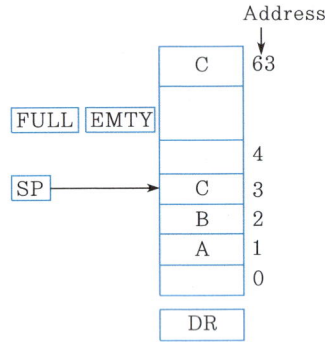

① PUSH 동작

SP ← SP + 1	SP 증가시킨다.
M[SP] ← DR	스택의 TOP에 항목을 적는다.
if (SP=0) then (FULL ← 1)	스택이 full임을 확인한다.
EMTY ← 0	스택이 empty가 아님을 표시한다.

② POP 동작

DR ← M[SP]	스택으로부터 항목을 읽는다.
SP ← SP − 1	SP를 하나 감소시킨다.
if (SP=0) then (EMTY←1)	스택이 empty임을 확인한다.
FULL ← 0	스택이 full이 아님을 표시한다.

(2) 메모리 스택

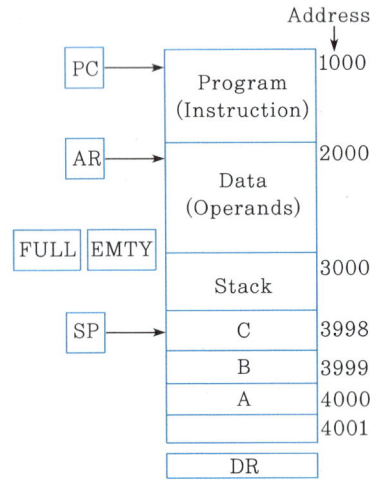

① PUSH 동작

```
SP ← SP - 1
M[SP] ← DR
```

② POP 동작

```
DR ← M[SP]
SP ← SP + 1
```

(3) 서브루틴 Call과 Return

① Call 연산

SP ← SP + 1	스택 포인터를 하나 증가시킨다.
M[SP] ← PC	PC의 내용을 스택에 놓는다.
PC ← 유효주소	서브루틴으로 프로그램이 수행되게 한다.

② Return

PC ← M[SP]	스택의 top의 값을 PC에 넣는다.
SP ← SP - 1	SP를 하나 감소시킨다.

문제 30

16비트 컴퓨터에서 현재 SP의 내용이 0x3A56이고, 스택의 최상위에는 0x5A14가 저장되어 있다. 두 단어 길이인 서브루틴(CALL)명령어의 연산 코드가 0x013E번지에, 서브루틴의 시작 주소 0x67AE는 0x013F번지에 각각 저장되어 있다. 아래의 각 순간에 PC와 SP의 내용을 각각 16진수로 쓰시오.

(1) CALL 명령어가 실행되기 전

　　　　PC : _____　　SP : _____　　TOP : _____

(2) CALL 명령어가 실행된 후

　　　　PC : _____　　SP : _____　　TOP : _____

(3) 서브루틴으로부터 복귀한 후

　　　　PC : _____　　SP : _____　　TOP : _____

(4) 다시 한 번 RET명령어가 실행된 후

　　　　PC : _____　　SP : _____　　TOP : _____

중앙처리 장치(CPU)

3 명령어 형식과 주소 모드

(1) 명령어 형식

종류	구성	CPU 구조
0번지 방식	OP CODE	스택 구조
1번지 방식	OP CODE | 번지부	단일 누산기 구조
2번지 방식	OP CODE | 번지부1 | 번지부2	범용 레지스터 구조
3번지 방식	OP CODE | 번지부1 | 번지부2 | 번지부3	범용 레지스터 구조
RISC 방식	• 메모리와 CPU 사이의 통신을 할 때 load와 store명령어만 사용한다. • 모든 명령어들은 메모리 참조 없이 CPU의 레지스터 안에서 실행한다.	

문제 31

다음의 산술문을 구하는 프로그램을 작성하시오.

산술문

$$X = (A + B) / C + (D - E) / F$$

0번지 방식	1번지 방식	2번지 방식

3번지 방식	RISC 방식

중앙처리 장치(CPU)

(2) 주소 모드
① 자료자신 주소(Immediate Address) : 명령어 자신이 데이터를 직접 포함하고 있어 명령어의 실행이 바로 이루어지는 방법이다.
② 레지스터 주소(Register Address) : 데이터를 명령문에 표시된 레지스터 내에 포함하고 있는 방법이다.
③ 직접주소(Direct Address) : 명령문의 일부에 데이터가 저장된 메모리의 번지를 직접 포함하고 있는 방법이다.
④ 레지스터 간접주소(Register Indirect Address) : 데이터가 존재하는 메모리의 실제 번지가 명령문에 표시된 레지스터에 저장된 방법이다.
⑤ 간접주소(Indirect Address) : 명령문의 번지부분의 값이 나타내는 번지에 기억되어 있는 데이터가 실제 데이터가 기억되어 있는 번지를 저장하는 방법이다.
⑥ 자동증가(Autoincrement) 또는 자동감소(Autodecrement) 모드
 - 자동 증가는 명령어가 실행된 후 레지스터의 값이 하나 증가한다.
 - 자동감소는 명령이 실행되기 전에 레지스터의 값이 하나 감소한다.
⑦ 상대주소(Relative Address) : PC가 명령어의 주소부분과 더해져서 유효 주소를 구한다.
⑧ 인덱스주소(Index Address) : 인덱스 레지스터의 내용이 명령어의 주소부분에 더해져서 유효 주소를 구한다.
⑨ 베이스 레지스터 주소(Base register Address) : 베이스 레지스터의 내용이 명령어의 주소부분에 더해져서 유효 주소를 구한다.

문제 32

W로 표시되는 메모리 주소에 2워드 명령어가 저장되어 있고, W + 1위치에 저장된 주소 필드는 Y로 표시한다. 그리고 명령어가 실행되는 동안 사용되는 피연산자는 Z로 표시되는 주소에 저장되어 있으며, 인덱스 레지스터의 내용은 X이다. 이때 다음 각 어드레싱 모드에 대하여 Z가 계산되는 식을 쓰시오.

(1) 직접 모드   : _____
(2) 간접 모드   : _____
(3) 상대 모드   : _____
(4) 인덱스 모드 : _____

문제 33

다음의 〈조건〉을 보고 3개 명령어를 차례대로 수행한 후 R1에 저장된 값을 쓰시오.

조건

○ 레지스터와 메모리에 저장된 내용이 다음과 같다.

```
        R1 = 2000
        R2 = 3000
        M[1000] = 1500     M[1500] = 3000
        M[2000] = 1500     M[2500] = 3500
        M[3000] = 2500     M[3500] = 2000
```

○ #은 자료자신 주소를 의미하고, @는 간접주소를 의미한다.
○ ADD X, Y는 X = X + Y를 의미한다.

명령어

```
            ADD   R1,   @R2
            ADD   R1,   #2000
            ADD   R1,   500(R2)
```

4 프로그램 제어

(1) 상태 비트(status bit)

비트	설명
C비트	ALU의 출력 캐리가 1이면 1이 되고, 0이면 0이 된다.
S비트	ALU의 연산 결과에서 가장 높은 자리의 비트가(부호 비트) 1이면 1이고, 0이면 0이 된다.
Z비트	ALU의 연산 결과를 나타내는 워드의 비트가 모두 0이면 1이 되고, 그렇지 않으면 0이다.
V비트	C7, C8 캐리의 exclusive-OR 결과가 1이면 1이고, 그렇지 않으면 0이다. 부호화된 2의 보수로 표시된 숫자의 계산에서 오버플로가 발생하면 1이 되는 결과가 된다. 즉 8비트 ALU에서 연산 결과가 127보다 크거나 -128보다 작을 때이다.

(2) 조건부 분기 명령어

구분	Mnemonic	Branch condition	Tested condition
compare	BZ	Branch if zero	Z = 1
	BNZ	Branch if not zero	Z = 0
	BC	Branch if carry	C = 1
	BNC	Branch if no carry	C = 0
	BP	Branch if plus	S = 0
	BM	Branch if minus	S = 1
	BV	Branch if overflow	V = 1
	BNV	Branch if no overflow	V = 0
unsigned compare	BHI	Branch if higher	A > B
	BHE	Branch if higher or equal	A ≥ B
	BLO	Branch if lower	A < B
	BLOE	Branch if lower or equal	A ≤ B
	BE	Branch if equal	A = B
	BNE	Branch if not equal	A ≠ B
signed compare	BGT	Branch if greater than	A > B
	BGE	Branch if greater or equal	A ≥ B
	BLT	Branch if less than	A < B
	BLE	Branch if less or equal	A ≤ B
	BE	Branch if equal	A = B
	BNE	Branch if not equal	A ≠ B

(3) 상태 레지스터 비트

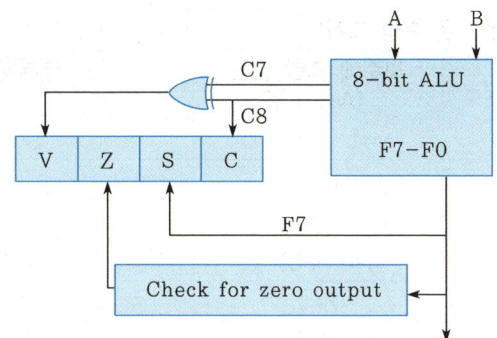

> **설명**
> ○ 두 개의 부호 없는 숫자의 크기는 상태 비트 C와 Z의 값으로부터 알 수 있다.
> ○ 두 개의 부호 있는 숫자의 크기는 상태 비트 S, V, Z의 값으로부터 알 수 있다.
> ○ 회로도의 "Check for zero output"에는 8비트 NOR 게이트를 사용할 수 있다.
> ○ 부호가 없는 두 수 A = 54, B = 127일 때 상태 비트의 값을 쓰고, 조건부 분기 명령어 중에서 참인 것을 나열한다. ⇨ C=1 / BLO, BLOE, BNE
> ○ 부호가 있는 두 수 A = +54, B = −127일 때 상태 비트의 값을 쓰고, 조건부 분기 명령어 중에서 참인 것을 나열한다. ⇨ S=1, Z=0, V=1 / BGT, BGE, BNE

문제 34

8비트 컴퓨터가 레지스터 R을 가지고 있다. 다음의 각 명령이 실행된 후에 상태비트 C, S, Z, V의 값을 결정하여라. 각 경우에 레지스터 R의 초기값은 16진수로 72이다. 다음의 숫자들도 모두 16진수이다.

(1) 즉석 피연산자 C6을 R에 더한다.

　　• C : _____　　• S: _____　　• Z: _____　　• V: _____

(2) 즉석 피연산자 IE를 R에 더한다.

　　• C : _____　　• S: _____　　• Z: _____　　• V: _____

(3) 즉석 피연산자 9A를 R에 더한다.

　　• C : _____　　• S: _____　　• Z: _____　　• V: _____

(4) 즉석 피연산자 8D를 R에 AND한다.

　　• C : _____　　• S: _____　　• Z: _____　　• V: _____

(5) R을 R에 exclusive—OR한다.

　　• C : _____　　• S: _____　　• Z: _____　　• V: _____

(4) 관계 연산에 대한 상태의 조건

	부호없는 두 수의 크기		부호있는 두 수의 크기	
	감산(A−B)	보수에 의한 감산 (A+(−B))		
A>B	C=0 and Z=0	C=1 and Z=0	S⊕V=0 and Z=0	
A≥B	C=0	C=1	S⊕V=0	
A<B	C=1	C=0	S⊕V=1	
A≤B	C=1 or Z=1	C=0 or Z=1	S⊕V=1 or Z=1	
A=B	Z=1	Z=1	Z=1	
A≠B	Z=0	Z=0	Z=0	
(예)	A>B : A=240, (11110000) A−B 11110000 − 00010100 11011100 C=0, Z=0	B=20 (00010100) A+(−B) 11110000 + 11101100 1 11011100 C=1, Z=0	A>B : (+16)−(−19) 00010000 + 00010011 00100011 S=0, V=0, Z=0	(+16)−(−120) 00010000 + 01111000 10001000 S=1, V=1, Z=0
	A<B : A=20, (00010100) A−B 00010100 − 11110000 00100100 C=1,	B=240 (11110000) A+(−B) 00010100 + 00010000 00100100 C=0	A<B : (−19)−(+16) 11101101 + 11110000 1 11011101 S=1, V=0	(−19)−(+120) 11101101 + 10001000 1 01110101 S=0, V=1

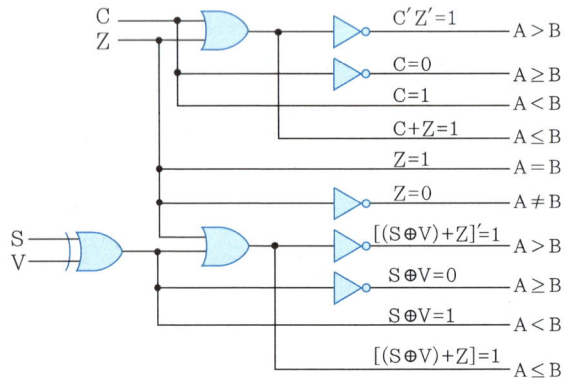

기출 2009 그림은 8비트 ALU와 4비트 상태 레지스터로 구성된 블록도이다. 설명 중 옳지 않은 것은? (단, 음수는 부호화된 2의 보수로 표현된다.) [1.5점]

> V : 오버플로(overflow)가 발생한 경우 세트됨(V = 1)
> Z : 연산 결과 값이 0이면 세트됨(Z = 1)
> S : 연산 결과 값의 부호가 음수이면 세트됨(S = 1)
> C : 올림수, 빌림수가 발생한 경우 세트됨(C = 1)

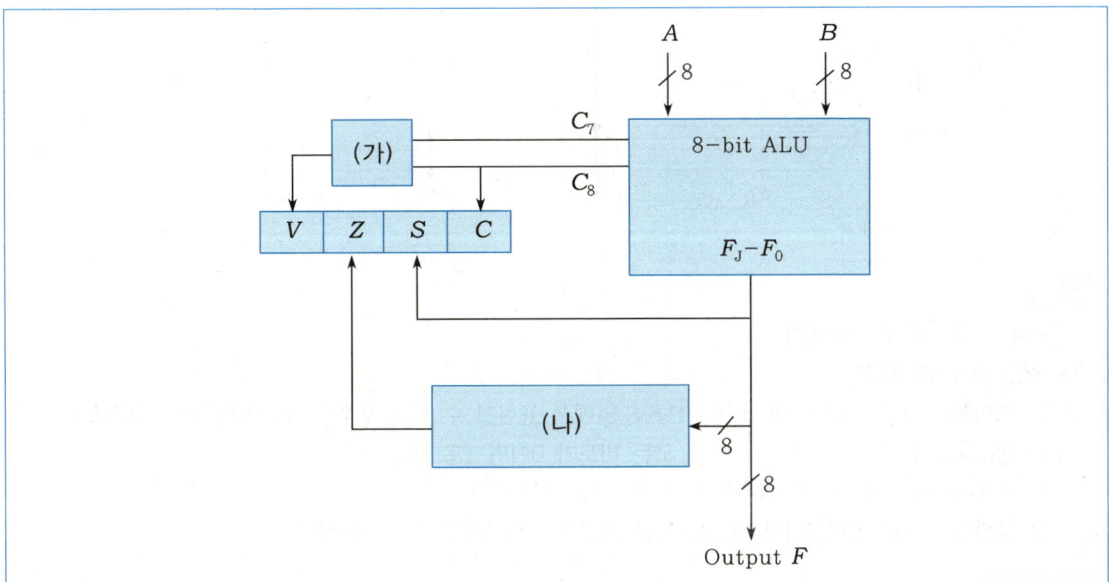

① (가)에는 XOR 게이트를 사용할 수 있다.
② (나)에는 8비트 NOR 게이트를 사용할 수 있다.
③ 상태 레지스터의 S에는 ALU의 출력 F_7이 입력된다.
④ A, B에 각각 0x1C, 0x3F가 입력되고 덧셈 연산을 수행하면 C에는 0이 저장된다.
❺ 부호가 있는 수의 크기 비교는 두 수의 뺄셈 연산을 수행한 후 C와 V를 통해 알 수 있다.

기출 2017 다음은 4비트 정수 $A_4A_3A_2A_1$과 $B_4B_3B_2B_1$을 더한 결과를 $S_4S_3S_2S_1$으로 출력하는 병렬 가산기와 상태 레지스터의 플래그를 설정하는 회로도이다. 〈조건〉을 고려하여 〈작성 방법〉에 따라 쓰시오. [2점]

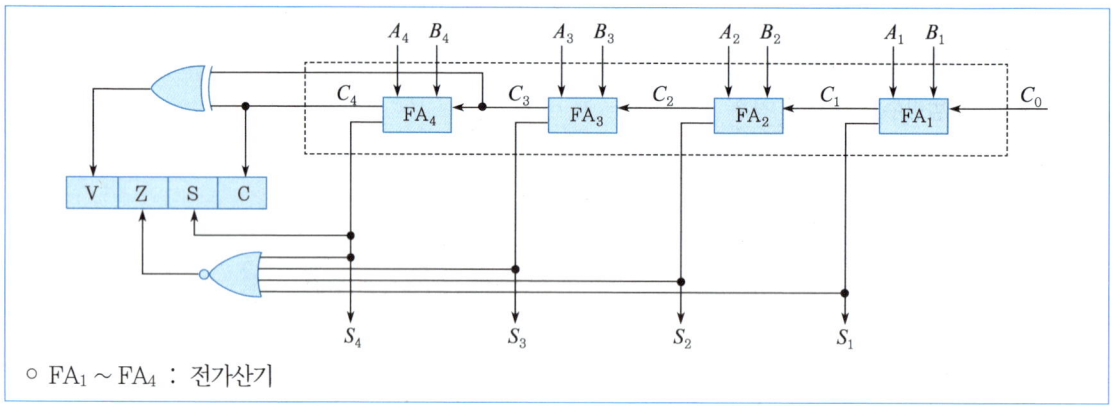

○ $FA_1 \sim FA_4$: 전가산기

조건

○ 음수는 2의 보수로 표현한다.
○ C_0에는 0이 입력된다.
○ V는 오버플로(overflow) 플래그이며, $S_4S_3S_2S_1$에서 표현될 수 있는 범위를 초과하면 1로 세트된다.
○ Z는 영(zero) 플래그이며, $S_4S_3S_2S_1$의 모든 비트가 0이면 1로 세트된다.
○ S는 부호(sign) 플래그이며, 양수는 0 음수는 1로 설정된다.
○ C는 올림수(carry) 플래그이며, FA4로부터 올림수가 발생하면 1로 세트된다.

작성 방법

(1) 회로도에서 10진수 연산 (−1) + (+1)을 수행하였을 때 상태 레지스터에서 1로 세트되는 플래그 2개를 쓸 것.
(2) $S_4S_3S_2S_1$에 표현될 수 있는 수의 범위를 10진수로 쓸 것.

정답	(1) C, Z (2) −8 ~ +7	각 1점

5 RISC(Reduced Instruction Set Computer)

(1) 중첩된 레지스터 윈도우
  ① 중첩된 레지스터 윈도우

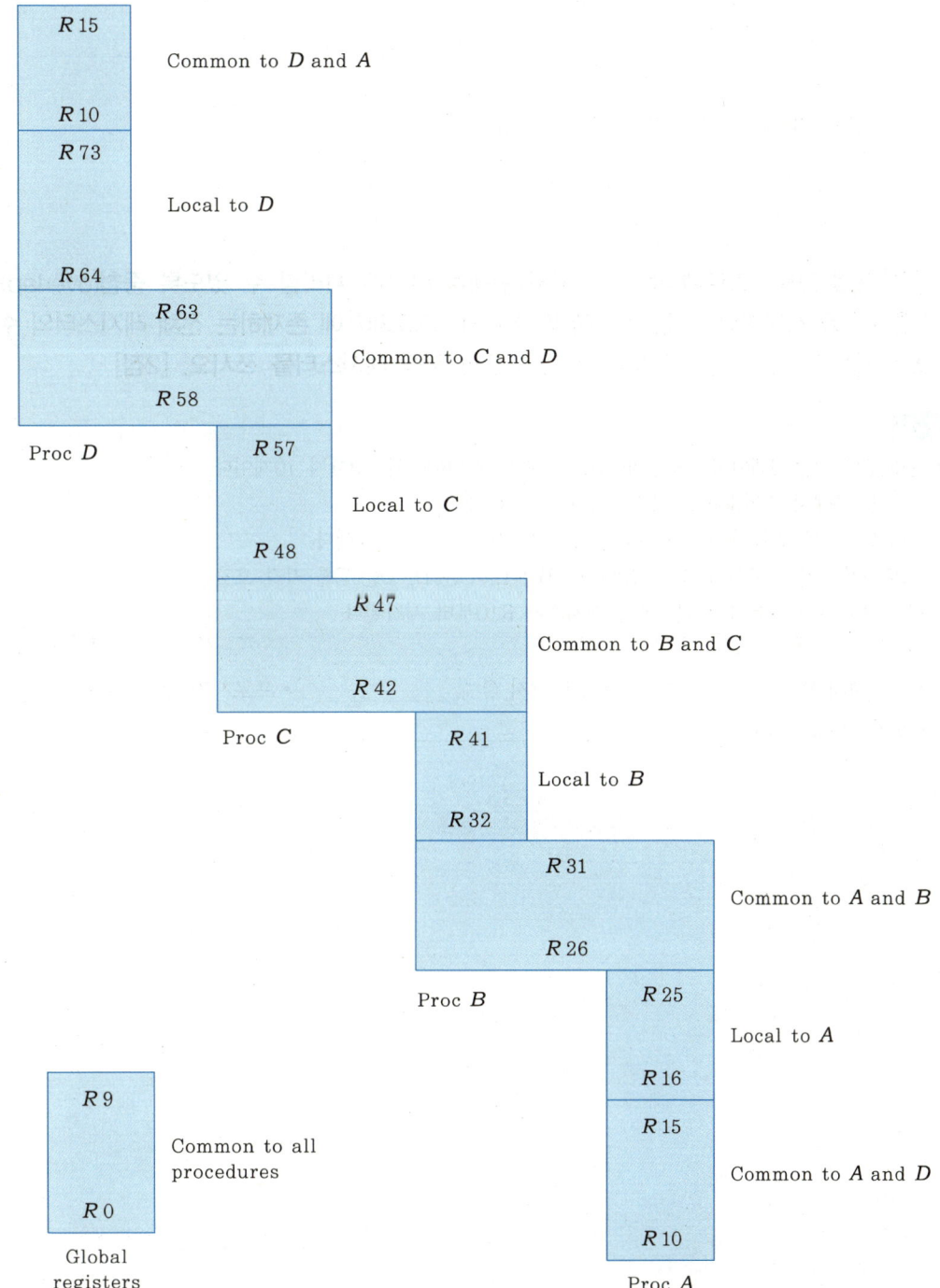

② 레지스터 윈도우 구조의 조건

- G : 전역 레지스터의 수
- L : 각 윈도우에서 지역 레지스터의 수
- C : 두 윈도우에서 지역 레지스터의 수
- W : 윈도우의 수

㉠ 윈도우 크기 = L + 2C + G
㉡ 총 레지스터 수 = (L + C)W + G

기출 2006 - 14 RISC 프로세서는 프로시저 수행을 빠르게 처리할 수 있도록 중첩(overlap) 레지스터 윈도우를 사용한다. 다음 조건에 따라 RISC 프로세서에 존재하는 전체 레지스터의 수를 쓰고, 프로시저 B, C, D가 사용하는 각 윈도우의 시작 레지스터를 쓰시오. [2점]

조건
㉠ 윈도우의 수는 8개이며, 전역(global) 레지스터는 R0에서 R9까지 10개이다.
㉡ 각 윈도우에서 지역(local) 레지스터의 수는 10개이다.
㉢ 2개 윈도우에 중복되는 공통(common) 레지스터의 수는 6개이다.
㉣ 프로시저 A가 프로시저 B를 호출하고, B는 C, C는 D, D는 E를 각각 호출한다.
㉤ 프로시저 A가 사용하는 윈도우는 레지스터 R10부터 시작된다.

- 프로시저 B : _____   • 프로시저 C : _____   • 프로시저 D : _____
- 전체 레지스터의 수 : _____

파이프라인과 입출력 구조

1 파이프라인

(1) Flynn의 병렬 컴퓨터 분류

① 단일 명령어 스트림-단일 데이터 스트림(SISD) : 파이프라인 프로세서

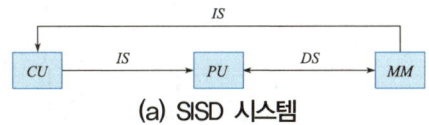

(a) SISD 시스템

② 단일 명령어 스트림-다중 데이터 스트림(SIMD) : 배열 프로세서

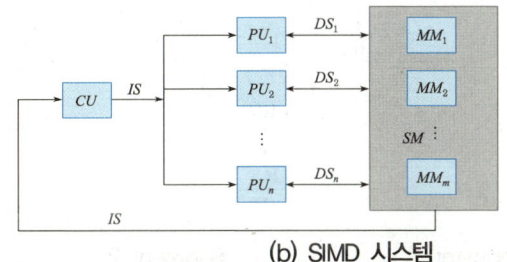

(b) SIMD 시스템

③ 다중 명령어 스트림-단일 데이터 스트림(MISD) : 사용되지 않음

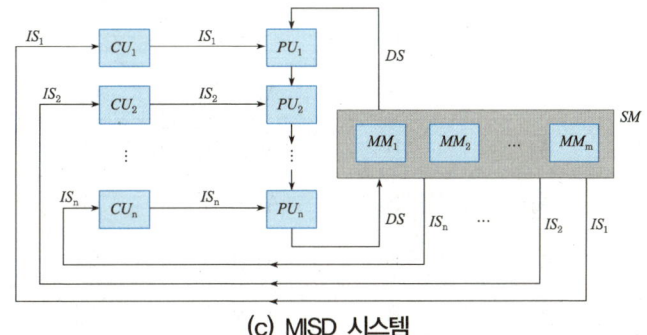

(c) MISD 시스템

④ 다중 명령어 스트림-다중 데이터 스트림(MIMD) : 멀티프로세서

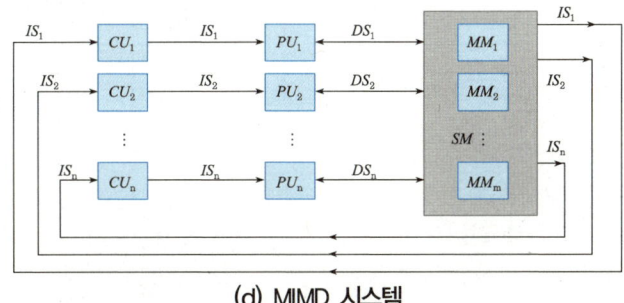

(d) MIMD 시스템

(2) 파이프라인의 개념

① 파이프라인이란 하나의 프로세스를 서로 다른 기능을 가진 여러 개의 서브 프로세스로 나누어 각 서브 프로세스가 동시에 서로 다른 데이터를 취급하도록 하는 기법이다.

② 각 세그먼트에서 수행된 연산 결과는 다음 세그먼트로 연속적으로 넘어가게 되어 데이터가 마지막 세그먼트를 통과하게 되면 최종적인 연산 결과를 얻게 된다.

③ 예를 들면 다음과 같다.

R1 ← A_i, R2 ← B_i	A_i와 B_i의 입력
R3 ← R1 * R2, R4 ← C_i	곱셈과 C_i의 입력
R5 ← R3 + R4	곱셈 결과와 C_i의 덧셈

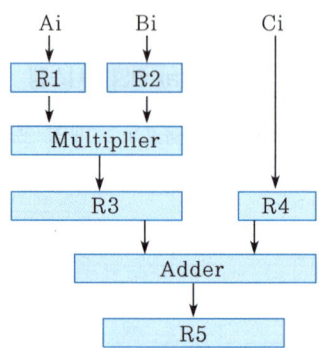

Clock Pulse Number	Segment 1		Segment 2		Segment 3
	R1	R2	R3	R4	R5
1	A_1	B_1	—	—	—
2	A_2	B_2	$A_1 * B_1$	C_1	—
3	A_3	B_3	$A_2 * B_2$	C_2	$A_1 * B_1 + C_1$
4	A_4	B_4	$A_3 * B_3$	C_3	$A_2 * B_2 + C_3$
5	A_5	B_5	$A_4 * B_4$	C_4	$A_3 * B_3 + C_3$
6	A_6	B_6	$A_5 * B_5$	C_5	$A_4 * B_4 + C_4$
7	A_7	B_7	$A_6 * B_6$	C_6	$A_5 * B_5 + C_5$
8	—	—	$A_7 * B_7$	C_7	$A_6 * B_6 + C_6$
9	—	—	—	—	$A_7 * B_7 + C_7$

문제 35

다음 〈그림〉의 파이프라인은 다음과 같은 전달 시간을 갖는다. 피연산자를 메모리에서 레지스터 R1, R2로 읽어오는 데 40ns, 승산기를 통해 신호가 전달되는 데 45ns, R3로 데이터를 전송하는 데 5ns, 두 숫자를 R5에 더하는 데 15ns이다.

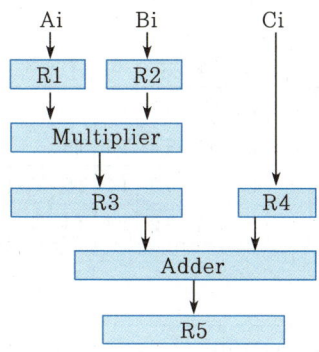

(1) 여기서 사용될 수 있는 최소 클럭 사이클 시간은 얼마인가?

_____

(2) R3와 R4를 제거하면 비파이프라인 시스템에서도 동일한 연산을 수행할 수 있다. 이러한 비파이프라인 시스템에서 피연산자를 더하고 곱하는 데 얼마나 걸리는가?

_____

(3) 10개의 작업을 수행할 때와 100개의 작업을 수행할 때 각각에 대하여 파이프라인의 속도 향상 비율을 계산하시오.

- 10개의 작업 : _____
- 100개의 작업 : _____

(4) 이상적인 최고 속도 향상은 얼마인가?

- S_{max} = _____

(3) 파이프라인의 구조
① 네 세그먼트 파이프라인

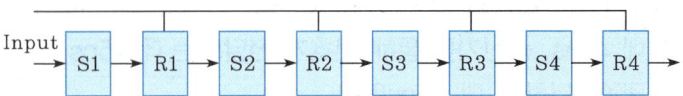

② 파이프라인에 대한 공간-시간표

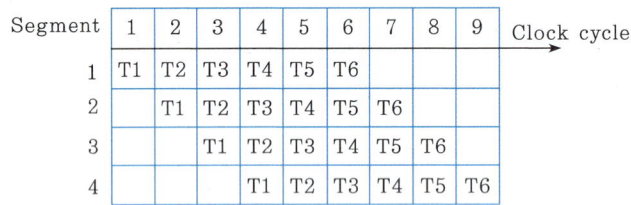

③ 실행 시간(T)과 속도 향상(S)

$$T = k + (n - 1) \quad \text{(단, k: 세그먼트 수, n : 명령어 수)}$$

$$S = \frac{(k * n)}{(k + n - 1)} \quad \text{(단, k: 세그먼트 수, n : 명령어 수)}$$

문제 36

어떤 CPU의 명령어 파이프라인이 네 개의 단계들로 이루어져 있고, 50MHz의 공통 클럭이 사용되고 있다. 또한 CPU가 처리할 프로그램이 100개의 명령어들로 이루어져 있으며, 그 중의 20%는 파이프라인의 세 단계만 필요하고, 30%는 두 단계만 필요하며, 나머지는 네 단계 모두 필요하다. 이와 관련한 물음에 답하시오.

(1) 파이프라인을 이용하여 이 프로그램을 처리하는데 걸리는 시간을 구하시오.

_____

(2) 파이프라인을 이용하지 않은 경우에 이 프로그램을 처리하는데 걸리는 시간을 구하시오.

_____

(3) 파이프라이닝으로 얻어진 속도 향상(SP)과 효율을 구하시오. (단, 효율은 (sp÷단계수)×100% 이다)

- SP = _____
- 효율 = _____

문제 37

어떤 작업이 4단계로 수행되고, 각 단계의 처리 시간은 T1 = 45ns, T2 = 30ns T3 = 90ns, T4 = 40ns이고, 중간 레지스터들의 지연시간은 10ns이다. 다음 물음에 답하시오.

(1) 위 파이프라인의 클럭 주기는 얼마로 정해야 하는지 쓰시오.

___

(2) 이 파이프라인에서 50개의 명령어를 수행하는데 시간을 구하시오.

___

(3) 위에 구한 시간을 줄이기 위해 처리시간이 오래 걸리는 것을 두 단계로 세분화하면 수행시간은 얼마인가?

___

(4) 명령어 파이프라인

① 네 세그먼트 명령어 파이프라인

> 1. IF는 명령어를 fetch하는 세그먼트이다.
> 2. ID는 명령어를 디코드하고 유효 주소를 계산하는 세그먼트이다.
> 3. OF는 피연산자를 fetch하는 세그먼트이다.
> 4. EX는 명령어를 실행시키는 세그먼트이다.

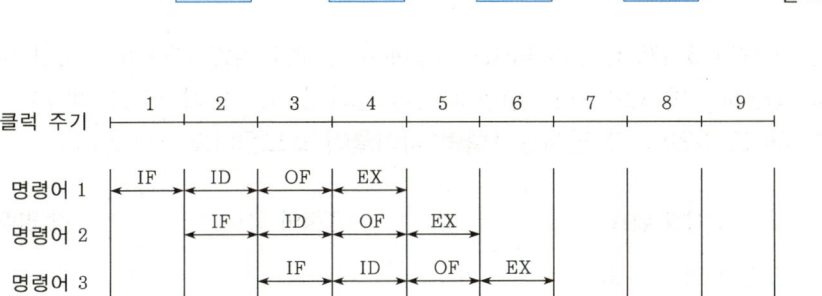

② 파이프라인 처리의 한계성
　㉠ 자원의 충돌(resource conflict) : 두 세그먼트가 동시에 메모리를 접근하려고 하는 데에서 기인한다. 이러한 충돌은 명령어 메모리와 데이터 메모리를 분리함으로써 해결한다.

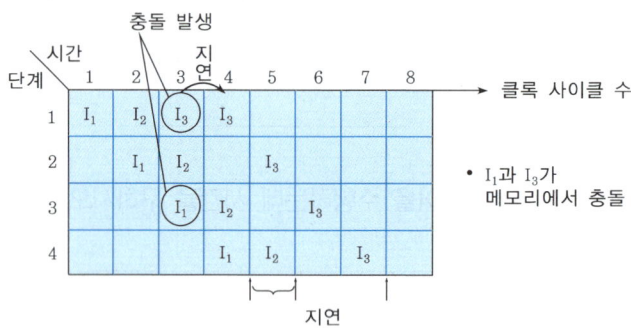

　㉡ 데이터 의존성(data dependency) : 어떤 명령어가 이전의 결과에 의존하여 수행되는데, 그 값이 아직 준비되지 않은 경우에 발생한다.

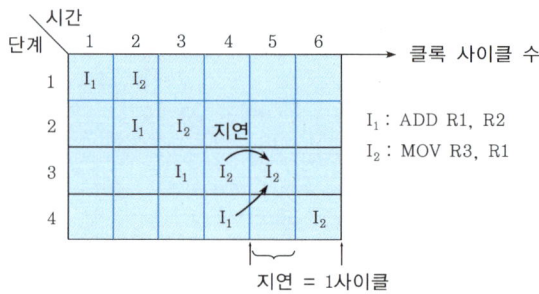

　㉢ 분기 곤란(branch difficulty) : 분기 명령어와 같이 PC의 값을 변경시키는 명령어에 의하여 발생한다.

기출 2005 [21~22] 3단계 명령어 파이프라인에서 단계별 작업 내용과 수행할 명령어 코드가 다음과 같다. 물음에 답하시오. (단, 명령어(문장) 앞의 숫자는 문장번호를 의미하며, 명령어를 처리하기 위한 파이프라인의 각 단계는 1클럭 사이클이 소요된다고 가정한다.)

단계	작업 내용
1단계	명령어 패치(fetch)
2단계	명령어디코딩(decoding) 레지스터의 데이터 패치
3단계	연산 및 연산결과 저장

명령어 코드	각 명령어의 의미
1 : LOAD R5, 100	R5 ← 100
2 : ADD R1, R1, R3	R1 ← R1+R3
3 : ADD R2, R2, R3	R2 ← R2+R3
4 : DEC R5	R5 ← R5−1
5 : IF (R5 ≠ 0) THEN GOTO 2	

21. 위의 명령어 코드를 파이프라인으로 수행하면 분기 문제가 발생하며, 명령어를 재배열하여 분기 문제를 해결할 수 있다. 아래 그림은 재배열된 명령어 코드와 파이프라인에서 명령어가 처리되는 과정을 문장번호로 나타낸 것이다. 재배열된 명령어 코드를 실행하면 분기 문제는 해결되지만, 파이프라인에서 새로운 문제가 발생된다. 명령어 코드를 재배열한 결과 파이프라인에서 발생되는 문제가 무엇인지 쓰고, 〈명령어의 처리과정〉 그림에 제시된 4~9까지의 클럭 사이클에서 이 문제가 발생된 클럭 사이클의 번호를 모두 나열하시오. [3점]

〈재배열된 명령어 코드〉
1: LOAD R5, 100
4: DEC R5
5: IF (R5 ≠ 0) THEN GOTO 4
2: ADD R1, R1, R3
3: ADD R2, R2, R3

클럭 사이클

	1	2	3	4	5	6	7	8	9	...
1단계	1	4	5	2	3	4	5	2	3	...
2단계		1	4	5	2	3	4	5	2	...
3단계			1	4	5	2	3	4	5	...

〈명령어의 처리과정〉

- 문제점 : _____   • 클럭 사이클 : _____

22. 다음과 같이 명령어 코드의 일부를 수정하고 4개의 명령어를 재배열하면, 문항 21에서 발생되는 문제를 해결할 수 있다. 이를 위해 ①, ②, ③, ④에 들어갈 명령어 코드의 문장번호를 순서대로 나열하시오. (단, 명령어의 위치가 바뀌어도 동일한 결과가 나올 때는 문장번호가 작은 것이 앞에 오도록 한다.) [2점]

〈수정한 명령어 코드〉
1: LOAD R5, 99
_____ ①
_____ ②
_____ ③
_____ ④
6: no-op
7: INC R5

〈재배열할 명령어 코드〉
2: ADD R1, R1, R3
3: ADD R2, R2, R3
4: DEC R5
5: IF (R5 ≠ 0) THEN GOTO 2

①의 문장번호 : _____   ②의 문장번호 : _____
③의 문장번호 : _____   ④의 문장번호 : _____

5 파이프라인과 입출력 구조

기출 2016-06 단일 CPU에서 〈조건〉에 따라 명령어 A, B, C를 모두 처리하는데 걸리는 최소 시간을 〈작성 방법〉에 따라 쓰시오. [2점]

조건

○ 명령어 A, B, C를 처리하기 위해 필요한 시간은 다음 표와 같다.

명령어	단일 사이클 (single cycle) 구현 시 필요 시간	파이프라인 구현 시 구성 요소(component)별 필요 시간				
		IF	ID	EX	MEM	WB
A	120	40	20	40	20	0
B	140	40	20	40	0	40
C	160	40	20	40	20	40

○ 각 명령어는 한 번씩만 처리되며 처리 순서는 A, B, C이다.
○ 단일 사이클 구현에서 각 명령어는 한 클럭 주기(clock cycle)에 수행되며 클럭 주기 시간은 하나로 고정된다.
○ 파이프라인 구현에서 각 단계(stage)는 한 클럭 주기에 수행되며 클럭 주기 시간은 하나로 고정된다.
○ 파이프라인은 5단계(IF, ID, EX, MEM, WB)로 구성된다.
○ 파이프라인 구현에서 각 명령어는 5단계를 순서대로 모두 거친다.
○ 파이프라인에서 해저드(hazard)는 존재하지 않는다. 따라서 서로 다른 단계들은 충돌없이 병렬로 수행될 수 있으며, 명령어 A, B, C는 서로 독립적이다.
○ 명령어 처리 시 위에서 제시한 시간 이외의 추가 소요 시간은 없다.

작성 방법

(1) 파이프라인을 쓰지 않고 단일 사이클로 구현할 경우, 명령어 A, B, C를 모두 처리하는 데 걸리는 최소 시간을 쓴다.
(2) 파이프라인으로 구현할 경우, 명령어 A, B, C를 모두 처리하는데 걸리는 최소 시간을 쓴다.

정답	(1) T = N * 실행시간
	    = 3 * 160 = 480
	(2) T = (k + N - 1) * 실행시간
	    = (5 + 3 - 1) * 40 = 280
		각 1점

해설

• 실행 시간(T)과 속도 향상(S)

$$T = k + (n - 1) \quad \text{(단, k: 세그먼트 수, n : 명령어 수)}$$

$$S = \frac{(k*n)}{(k+n-1)} \quad \text{(단, k: 세그먼트 수, n : 명령어 수)}$$

(5) RISC 파이프라인
  ① RISC 명령어
    ㉠ I 세그먼트 : 프로그램 메모리부터 명령어를 fetch한다 .
    ㉡ A 세그먼트 : 명령어가 디코드되고 해당하는 ALU동작이 수행된다.
    ㉢ E 세그먼트 : ALU동작의 결과를 목적지 레지스터에 전송하고, 유효 주소를 데이터 메모리로 전송하며, 분기 주소를 프로그램 카운터로 전송한다.
  ② 지연된 로드(delayed load)
    메모리에서 로드된 데이터의 사용을 지연시키는 것을 말한다.

```
1. LOAD   : R1 ← M[주소 1]
2. LOAD   : R2 ← M[주소 2]
3. ADD    : R3 ← R1 + R2
4. STORE  : M[주소 3] ← R3
```

Clock cycle :	1	2	3	4	5	6
1. Load R1	I	A	E			
2. Load R2		I	A	E		
3. Add R1 + R2			I	A	E	
4. Store R3				I	A	E

(a) Pipeline timing with data conflict

Clock cycle :	1	2	3	4	5	6	7
1. Load R1	I	A	E				
2. Load R2		I	A	E			
3. NOP			I	A	E		
4. Add R1 + R2				I	A	E	
4. Store R3					I	A	E

(b) Pipeline timing with delayed load

③ 지연된 분기(delayed branch)

> 1. 메모리에서 R1으로 로드
> 2. R2를 하나 증가
> 3. R3를 R4로 더함
> 4. R6에서 R5를 뺌
> 5. 주소 X로 분기

Clock cycle :	1	2	3	4	5	6	7	8	9	10
1. Load	I	A	E							
2. Increment		I	A	E						
3. Add			I	A	E					
4. Subtract				I	A	E				
5. Branch to X					I	A	E			
6. NOP						I	A	E		
7. NOP							I	A	E	
8. Inst. in X								I	A	E

(a) Using no-operation instruction

Clock cycle :	1	2	3	4	5	6	7	8
1. Load	I	A	E					
2. Increment		I	A	E				
3. Branch to X			I	A	E			
4. Add				I	A	E		
5. Subtract					I	A	E	
6. Inst. in X						I	A	E

(b) Rearranging the instruction

기출 2011 다음은 RISC 파이프라인 컴퓨터의 〈명령어 세그먼트〉와 〈명령어〉이다. 이 컴퓨터에서 〈프로그램 1〉과 〈프로그램 2〉를 각각 수행할 때, 충돌(conflict)이 발생하지 않도록 하기 위한 소프트웨어적 해결 방법으로 옳은 것은? (단, 명령어와 데이터는 서로 다른 메모리 모듈을 사용하며, 인터럽트는 발생하지 않는다. 그리고 주소 X4에는 'LOAD R10, X10'이 있다.)

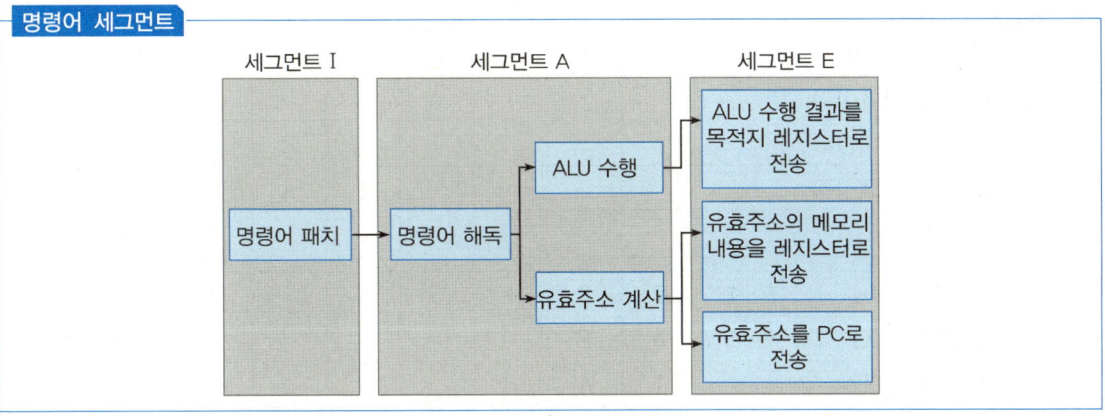

명령어

- LOAD R1, X : 주소 X의 메모리 내용을 레지스터 R1로 전송
- BUN X : 주소 X로 무조건 분기(branch)
- ADD R1, R2, R3 : 레지스터 R2와 레지스터 R3의 값을 더한 값을 레지스터 R1에 전송

프로그램 1
LOAD R1, X1
LOAD R2, X2
LOAD R3, X3
ADD R3, R3, R3
ADD R1, R1, R3
ADD R2, R2, R2
BUN X4

프로그램 2
LOAD R4, X5
LOAD R5, X6
ADD R5, R4, R5
ADD R6, R5, R5

	〈프로그램 1〉	〈프로그램 2〉
①	무연산 삽입	명령어 재배치
②	명령어 재배치	명령어 재배치
③	무연산 삽입	명령어 재배치, 무연산 삽입
❹	명령어 재배치, 무연산 삽입	무연산 삽입
⑤	명령어 재배치, 무연산 삽입	명령어 재배치, 무연산 삽입

파이프라인과 입출력 구조

해설

〈프로그램1〉 지연된 로드 + 지연된 분기

clock cycles	1	2	3	4	5	6	7	8	9
1. LOAD R1, X1	I	A	E						
2. LOAD R2, X2		I	A	E					
3. LOAD R3, X3			I	A	E				
4. ADD R3, R3, R3				I	A	E			
5. ADD R1, R1, R3					I	A	E		
6. ADD R2, R2, R2						I	A	E	
7. BUN X4							I	A	E

clock cycles	1	2	3	4	5	6	7	8	9	10
1. LOAD R1, X1	I	A	E							
2. LOAD R2, X2		I	A	E						
3. LOAD R3, X3			I	A	E					
NOP				I	A	E				
4. ADD R3, R3, R3					I	A	E			
7. BUN X4						I	A	E		
5. ADD R1, R1, R3							I	A	E	
6. ADD R2, R2, R2								I	A	E
X4 : LOAD R10, X10									I	A

〈프로그램2〉 지연된 로드

clock cycles	1	2	3	4	5	6
1. LOAD R4, X5	I	A	E			
2. LOAD R5, X6		I	A	E		
3. ADD R5, R4, R5			I	A	E	
4. ADD R6, R5, R5				I	A	E

clock cycles	1	2	3	4	5	6	7	8
1. LOAD R4, X5	I	A	E					
2. LOAD R5, X6		I	A	E				
NOP			I	A	E			
3. ADD R5, R4, R5				I	A	E		
NOP					I	A	E	
4. ADD R6, R5, R5						I	A	E

기출 2020-11 (가)는 RISC 파이프라인 컴퓨터의 명령어 세그먼트이고, (나)는 관련 명령어이다. (다)는 대표적인 해저드(hazard) 3가지에 대한 설명이다. (라)는 해당 컴퓨터의 메모리에 저장되어 있는 프로그램이다. (라)를 실행하면 해저드가 발생하는데, 무연산을 삽입하여 이 문제를 해결 하고자 한다. 〈조건〉을 고려하여 〈작성 방법〉에 따라 서술하시오. [4점]

(가)

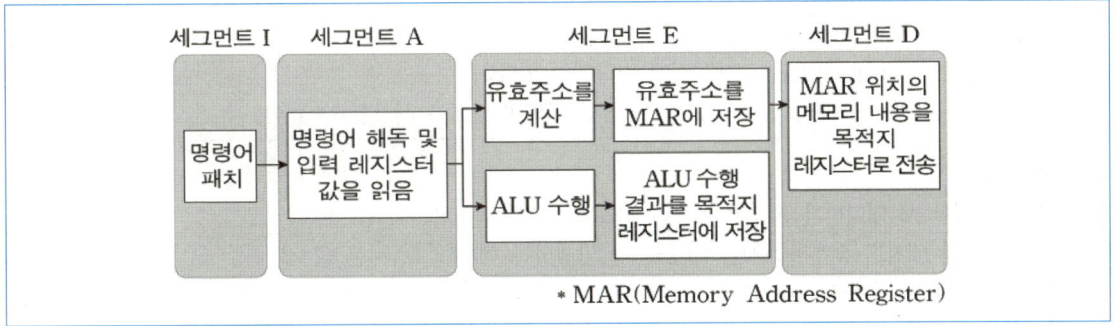

(나)

명령어	설명
LOAD R[Y], M[X]	M[X]를 R[Y]로 전송
DEC R[Y]	R[Y]에서 1을 뺀 후 R[Y]에 저장
ADD R[Y1], R[Y2], R[Y3]	R[Y2]와 R[Y3]을 더한 후 R[Y1]에 저장

* M[X] : 메모리 주소 X의 내용
* R[Y] : 레지스터 파일의 Y번째 레지스터의 내용

(다)

○ 자원 해저드(resource hazard) : 파이프라인 내의 명령어들이 동일한 클럭 사이클에 같은 메모리 모듈을 접근하는 경우 발생
○ 데이터 해저드(data hazard) : 이전 명령어의 결과가 목적지 레지스터에 저장되기 전에 다음 명령어가 해당 레지스터에 저장된 값을 사용하는 경우 발생
○ 분기 해저드(branch hazard) : 분기 명령어 이후의 잘못된 명령어들이 파이프라인에 들어온 경우 발생

(라)

삽입위치	프로그램
① →	LOAD R[1], M[100]
② →	LOAD R[2], M[101]
③ →	DEC R[1]
④ →	ADD R[2], R[2], R[3]
⑤ →	ADD R[1], R[1], R[3]
	DEC R[1]

5 파이프라인과 입출력 구조

조건
- 각 명령어 세그먼트는 1클럭 사이클 동안 수행된다.
- 세그먼트 D는 LOAD 명령어 경우에만 수행된다.
- 명령어와 데이터는 서로 다른 메모리 모듈에 저장되어 동시에 접근 가능하다.
- ALU 수행 결과와 전송된 메모리 내용은 목적지 레지스터에 값이 저장된 후, 다음 클럭 사이클부터 이용이 가능하다.
- (라)는 첫 줄부터 순차적으로 실행된다.
- (라)의 실행에 필요한 데이터는 실행 전에 저장되어 있다.
- 삽입되는 무연산의 수는 최소로 하고 무연산삽입 이외의 방식은 사용할 수 없다.

작성 방법
- (라)를 실행할 때 데이터가 저장된 메모리 모듈을 몇 번 접근하는지 쓸 것.
- (다)의 3가지 해저드 중에서 (라)를 실행할 때 발생하는 해저드 1가지를 쓸 것.
- (라)를 실행할 때 발생하는 해저드를 해결하기 위해 무연산을 삽입해야 하는 위치를 ①~⑤ 중에서 2가지 쓸 것.

정답		
	2	1점
	데이터 해저드	1점
	②, ⑤	2점

2 입출력 시스템

(1) I/O 인터페이스

① I/O 인터페이스 장치는 포트라는 두 개의 레지스터, 제어 레지스터, 상태 레지스터. 버스 버퍼, 타이밍과 제어회로로 구성된다.

② 인터페이스는 데이터 버스를 통해 CPU와 통신하고, Chip select와 Register select 입력은 인터페이스에 할당된 주소를 결정한다.

③ 입력과 출력은 I/O read와 write 제어 라인에 의해 선택되고, 네 개의 레지스터는 인터페이스에 연결된 I/O장치와 직접 통신한다.

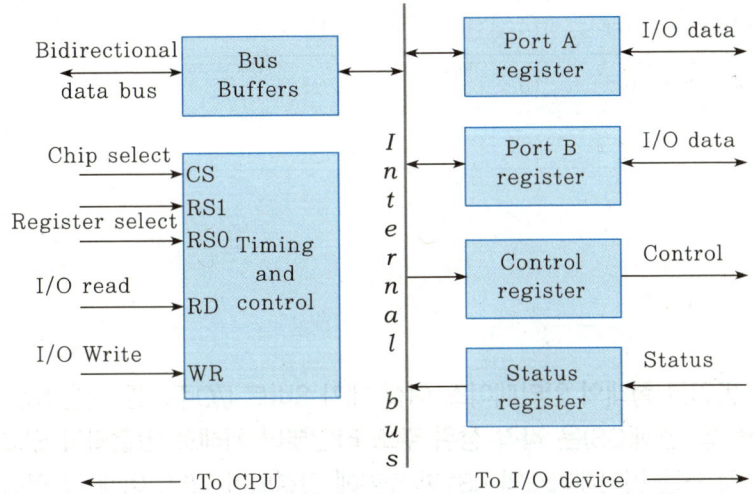

CS	RS1	RS0	Register selected
0	x	x	None
1	0	0	Port A Register
1	0	1	Port B Register
1	1	0	Control Register
1	1	1	Status Register

문제 38

위의 I/O 인터페이스에서 네 개의 레지스터에는 각각 12, 13, 14, 15의 주소가 할당되어 있다. CPU의 8비트 I/O주소와 인터페이스의 CS, RS1, RS0 입력들 사이를 연결하는 외부 회로를 완성하시오.

레지스터		A_7	A_6	A_5	A_4	A_3	A_2	A_1	A_0
Port A Register	12								
Port B Register	13								
Control Register	14								
Status Register	15								

문제 39

위의 〈그림〉과 동일한 형태의 인터페이스 여섯 개가 8비트 I/O주소를 사용하는 CPU에 연결되어 있다. 여섯 개의 칩 선택(CS)은 각각 상위 주소 라인부터 차례로 연결되어 있고, 두 개의 최하위 주소 라인은 각각 모든 인터페이스의 RS1과 RS0에 연결되어 있다. 이때 각 인터페이스의 각 레지스터에 대한 8비트 주소를 구하시오.

인터페이스	Port A	Port B	제어 레지스터	상태 레지스터
1				
2				
3				
4				
5				
6				

(2) FIFO 버퍼

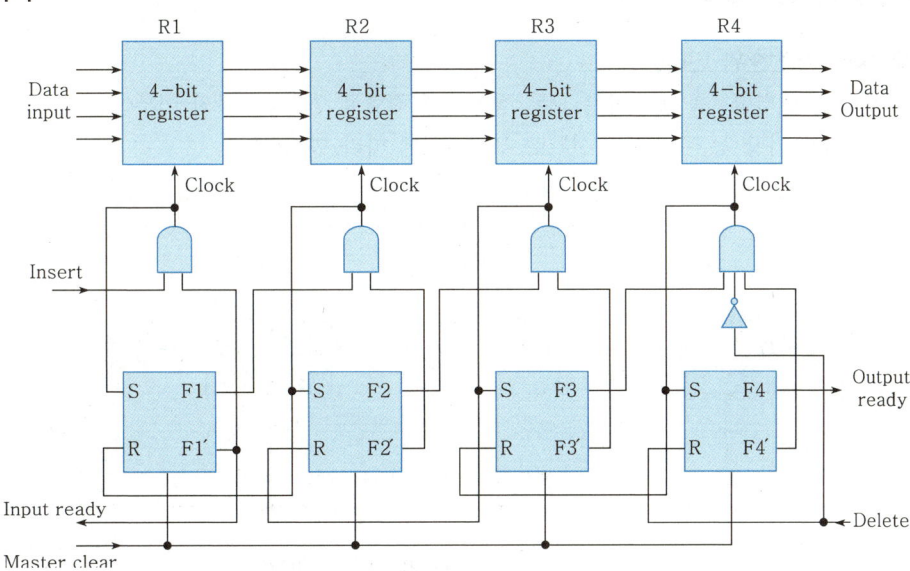

문제 40

비동기식 I/O 전송을 위한 위의 〈FIFO 버퍼논리도〉를 보고 물음에 답하시오.

(1) FIFO의 제어 레지스터의 각 비트가 $F_1F_2F_3F_4 = 0011$일 때, 이 FIFO에서 한 항목이 삭제되고 삽입되는 과정을 보이시오.

구분	제어 레지스터	동작
초기치	0011	output ← R4

(2) 초당 m바이트 속도로 정보가 FIFO버퍼에 삽입되고 초당 n바이트 속도로 삭제된다. 그리고 버퍼의 최대 용량은 k바이트이다.

① m>n일 때, 비어있던 버퍼가 가득 차려면 시간이 얼마나 걸리는가?

② m<n일 때, 가득 차 있던 버퍼가 모두 비워지려면 시간이 얼마나 걸리는가?

3 우선순위 인터럽트

(1) 데이지 체인 우선순위 인터럽트
   ① 이 방법은 인터럽트를 발생하는 모든 장치들을 직렬로 연결함으로써 이루어진다.
   ② 우선순위가 가장 높은 장치를 선두로 우선순위에 따라 연결한다.

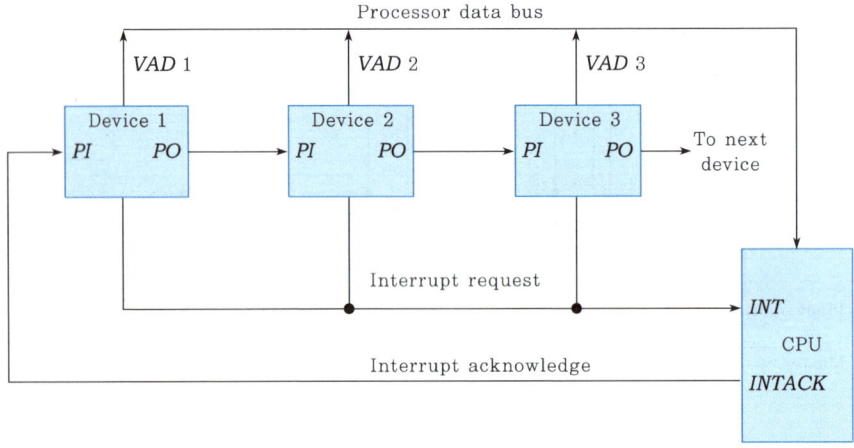

〈데이지 체인 우선순위 인터럽트〉

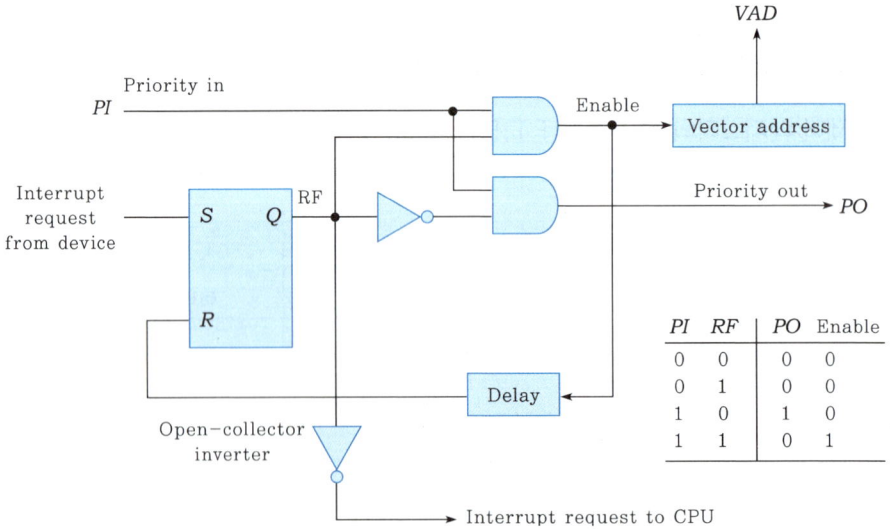

〈한 단의 데이지 체인 우선순위 배치〉

기출 2007 - 22 다음 그림은 하드웨어 우선순위 이터립트 장치인 daisy-chaining을 나타낸 것이다. 각 장치의 인터럽트 요청 신호를 REQ, 인터럽트 서비스 루틴의 주소인 VAD(Vector Address)를 활성화시키는 신호를 Enable이라고 할 경우, PO와 Enable의 논리식을 PI와 REQ로 표현하시오. [4점]

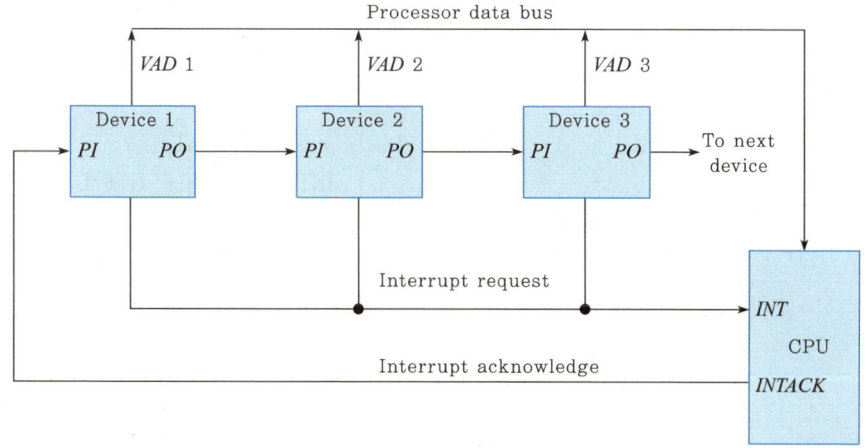

- PO = PI.REQ'
- Enable = PI.REQ

(2) 병렬 우선순위 인터럽트
① 이 방법은 각 장치의 인터럽트의 요청에 따라 각 비트가 개별적으로 세트될 수 있는 레지스터를 사용한다.
② 우선순위는 이 레지스터의 비트의 위치에 따라 결정되며, 각 인터럽트 요청의 상태를 조절할 수 있는 마스크 레지스터를 갖고 있다.

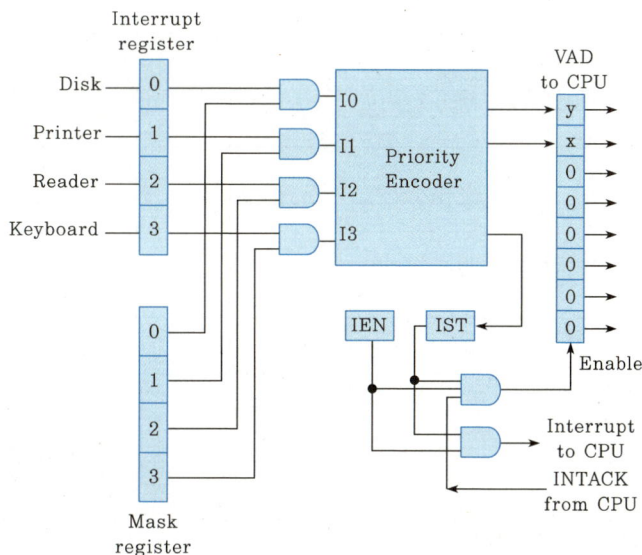

③ 우선순위 인코더의 진리표

Inputs				Outputs			Boolean functions
I_0	I_1	I_2	I_3	x	y	IST	
1	X	X	X	0	0	1	
0	1	X	X	0	1	1	$x = I_0'I_1'$
0	0	1	X	1	0	1	$y = I_0'I_1 + I_0'I_2'$
0	0	0	1	1	1	1	$IST = I_0 + I_1 + I_2 + I_3$
0	0	0	0	X	X	0	

문제 41

8 × 3 우선순위 인코더에 대한 진리표를 작성하고, 우선순위 인코더의 세 출력 xyz가 101xyz00와 같은 벡터 주소를 만든다고 할 때, 여덟 가지 벡터 주소를 가장 높은 우선순위에 대한 것부터 나열하시오.

8 × 3 우선순위 인코더에 대한 진리표										우선순위	
I_0	I_1	I_2	I_3	I_4	I_5	I_6	I_7	xyz	IST	2진수	16진수
X	X	X	X	X	X	X	1	111	1	10111100	BC
X	X	X	X	X	X	1	0	110	1	10111000	B8
X	X	X	X	X	1	0	0	101	1	10110100	B4
X	X	X	X	1	0	0	0	100	1	10110000	B0
X	X	X	1	0	0	0	0	011	1	10101100	AC
X	X	1	0	0	0	0	0	010	1	10101000	A8
X	1	0	0	0	0	0	0	001	1	10100100	A4
1	0	0	0	0	0	0	0	000	1	10100000	A0

4 산술연산

(1) 배열 승산기

① 2 × 2 배열 승산기

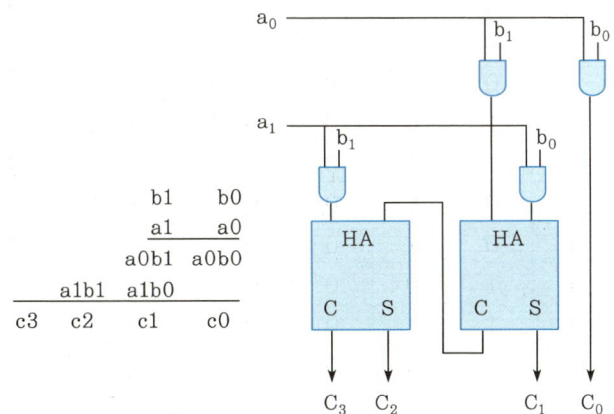

② 4 × 3 배열 승산기

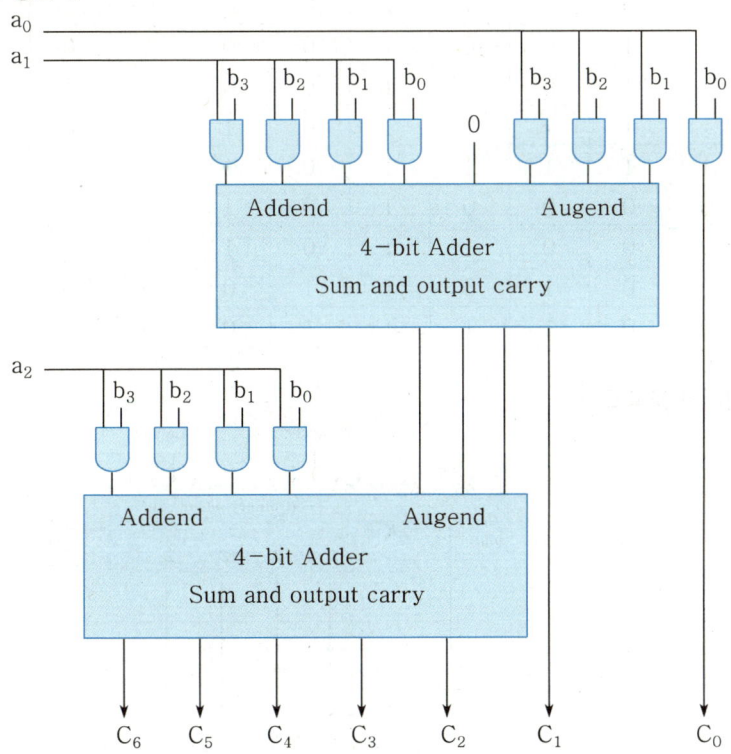

※ 승수가 j비트이고 피승수가 k비트이면, j+k비트의 곱을 얻기 위하여

- AND 게이트 : _____
- 가산기(adder) : _____

(2) BCD 가산기

① BCD 가산기의 진리표

Binary Sum					BCD Sum					Decimal
K	Z_8	Z_4	Z_2	Z_1	C	S_8	S_4	S_2	S_1	
0	0	0	0	0	0	0	0	0	0	0
0	0	0	0	1	0	0	0	0	1	1
0	0	0	1	0	0	0	0	1	0	2
0	0	0	1	1	0	0	0	1	1	3
0	0	1	0	0	0	0	1	0	0	4
0	0	1	0	1	0	0	1	0	1	5
0	0	1	1	0	0	0	1	1	0	6
0	0	1	1	1	0	0	1	1	1	7
0	1	0	0	0	0	1	0	0	0	8
0	1	0	0	1	0	1	0	0	1	9
0	1	0	1	0	1	0	0	0	0	10
0	1	0	1	1	1	0	0	0	1	11
0	1	1	0	0	1	0	0	1	0	12
0	1	1	0	1	1	0	0	1	1	13
0	1	1	1	0	1	0	1	0	0	14
0	1	1	1	1	1	0	1	0	1	15
1	0	0	0	0	1	0	1	1	0	16
1	0	0	0	1	1	0	1	1	1	17
1	0	0	1	0	1	1	0	0	0	18
1	0	0	1	1	1	1	0	0	1	19

② BCD 가산기의 블록도

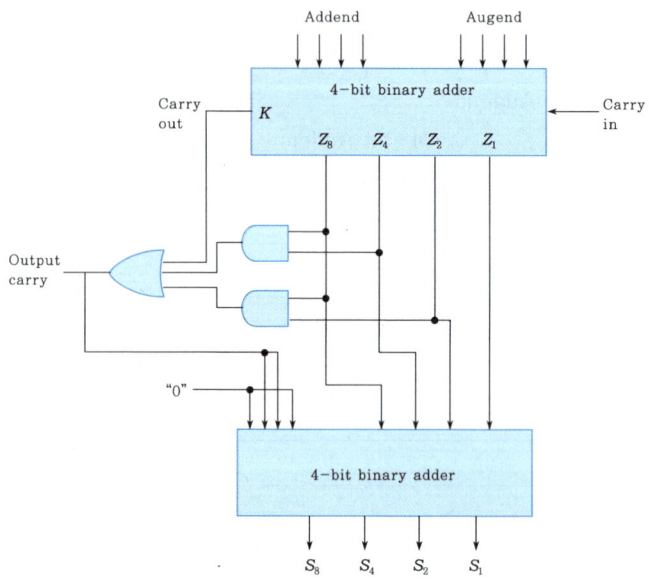

(3) BCD 가감산기
  ① BCD 가감산기의 블록도

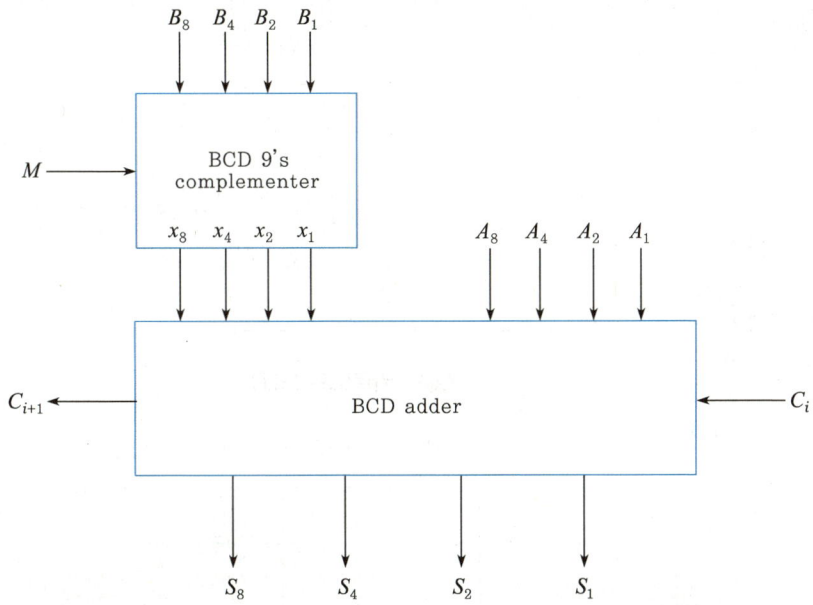

  ② 9의 보수 회로의 부울함수

⟨x_1의 카르노프 도표⟩

MB_8 \ $B_4B_2B_1$	000	001	011	010	110	111	101	100
00								
01								
11								
10								

• x_1 = _____

⟨x_2의 카르노프 도표⟩

MB_8 \ $B_4B_2B_1$	000	001	011	010	110	111	101	100
00								
01								
11								
10								

• x_2 = _____

SECTION 5 파이프라인과 입출력 구조

⟨x_4의 카르노프 도표⟩

MB_8 \ $B_4B_2B_1$	000	001	011	010	110	111	101	100
00								
01								
11								
10								

- $x_4 = $ _____

⟨x_8의 카르노프 도표⟩

MB_8 \ $B_4B_2B_1$	000	001	011	010	110	111	101	100
00								
01								
11								
10								

- $x_8 = $ _____

메모리 구조

1 주기억 장치

(1) 전형적 RAM 칩

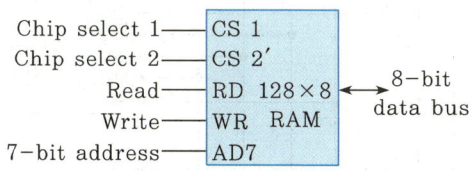

(a) Block diagram

CS 1	CS 2'	RD	WR	Memory function	State of data bus
0	0	X	X	Inhibit	High-Impedance
0	1	X	X	Inhibit	High-Impedance
1	0	0	0	Inhibit	High-Impedance
1	0	0	1	Write	Input data to RAM
1	0	1	X	Read	Output data from RAM
1	1	X	X	Inhibit	High-Impedance

(b) Function table

(2) 전형적 ROM 칩

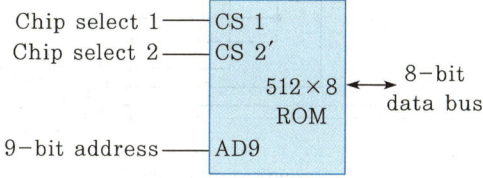

(3) CPU와 메모리의 연결

1024 바이트의 RAM와 1024 바이트의 ROM칩이 데이터 버스와 주소 버스를 CPU에 연결한 구조이다.

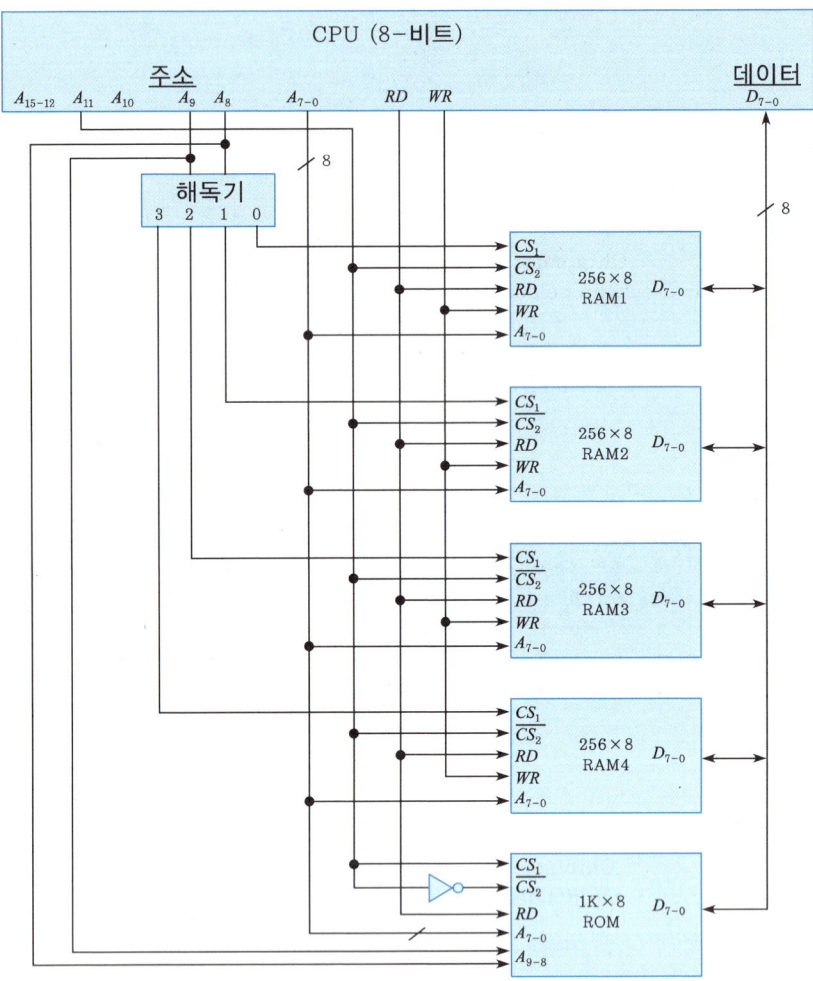

〈메모리 주소 맵〉

Component	Address Bus												Hexadecimal
	11	10	9	8	7	6	5	4	3	2	1	0	
RAM 1	0	0	0	0	x	x	x	x	x	x	x	x	000H ~ 0FFH
RAM 2	0	0	0	1	x	x	x	x	x	x	x	x	100H ~ 1FFH
RAM 3	0	0	1	0	x	x	x	x	x	x	x	x	200H ~ 2FFH
RAM 4	0	0	1	1	x	x	x	x	x	x	x	x	300H ~ 3FFH
ROM	1	0	x	x	x	x	x	x	x	x	x	x	800H ~ BFFH

기출 2011 다음은 CPU 칩의 블록도이다. 〈조건〉에 따라 한 개 이상의 512 × 8RAM 칩과 한 개 이상의 2048 × 8ROM 칩을 활용하여 2048 × 8RAM 용량과 4096 × 8ROM 용량을 가진 메모리를 설계할 때, 옳은 것만을 〈보기〉에서 모두 고른 것은?

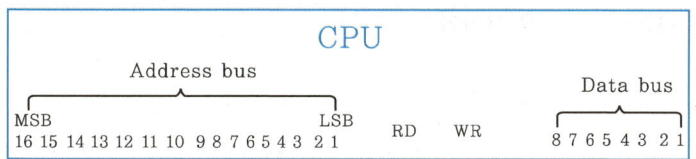

조건
- 메모리 주소는 CPU 주소 버스의 LSB(Least Significant Bit)부터 차례대로 할당한다.
- CPU 주소 버스의 16번 비트는 RAM에 대해서 '0', ROM에 대해서 '1'로 지정한다.

보기
ㄱ. 메모리 주소 '0x8700'에 쓰기 연산이 가능하다.
ㄴ. 네 개의 RAM 칩과 두 개의 ROM 칩을 활용하여 메모리를 구성한다.
ㄷ. RAM 칩의 선택을 위해 CPU 주소 버스의 10번과 11번 비트는 2 × 4 디코더의 입력으로 사용된다.
ㄹ. CPU가 메모리 주소 '0x0788'에 쓰기 연산을 수행하려면, 네 번째 RAM 칩에 접근해야 한다.
ㅁ. 메모리를 2048 × 8 RAM 용량에서 4096 × 8 RAM 용량으로 확장한다면, 16비트보다 큰 주소 버스를 갖는 CPU 칩으로 교체해야 한다.

① ㄱ, ㄴ, ㄷ ② ㄱ, ㄷ, ㅁ ❸ ㄴ, ㄷ, ㄹ ④ ㄴ, ㄹ, ㅁ ⑤ ㄱ, ㄴ, ㄹ, ㅁ

해설

• 메모리 주소 맵(Map)

chip	16	15	14	13	12	11	10	9	8	7	6	5	4	3	2	1	주소범위
RAM1	0	0	0	0	0	0	0	x	x	x	x	x	x	x	x	x	0000~01FF
RAM2	0	0	0	0	0	0	1	x	x	x	x	x	x	x	x	x	0200~03FF
RAM3	0	0	0	0	0	1	0	x	x	x	x	x	x	x	x	x	0400~05FF
RAM4	0	0	0	0	0	1	1	x	x	x	x	x	x	x	x	x	0600~07FF
ROM1	1	0	0	0	0	x	x	x	x	x	x	x	x	x	x	x	8000~87FF
ROM2	1	0	0	0	1	x	x	x	x	x	x	x	x	x	x	x	8800~8FFF

메모리 구조

문제 42

위의 〈CPU와 메모리의 연결〉을 보고 다음 물음에 답하시오.

(1) RAM과 ROM의 크기는 각각 얼마인가?

- RAM : _____
- ROM : _____

(2) RAM으로부터 판독(read)하기 위한 CS1, $\overline{CS2}$, RD, WR의 값은 무엇인가?

- CS1 : _____   • $\overline{CS2}$: _____
- RD : _____   • WR : _____

(3) RAM에 기록(write)하기 위한 CS1, $\overline{CS2}$, RD, WR의 값은 무엇인가?

- CS1 : _____   • $\overline{CS2}$: _____
- RD : _____   • WR : _____

(4) RAM의 내부 조직
① 16 × 4 조직

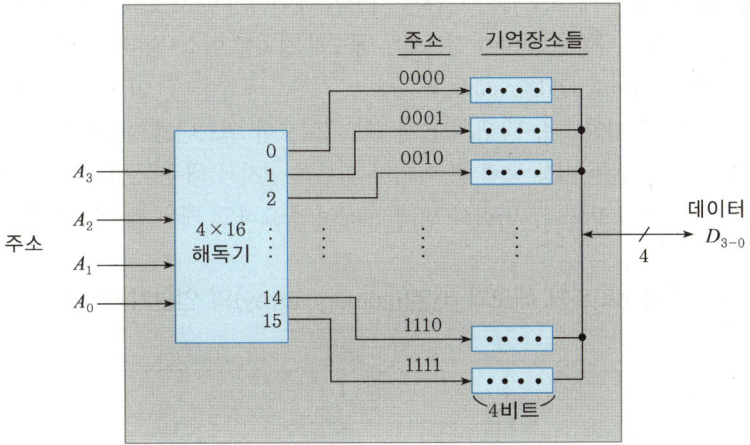

② 64 × 1 조직

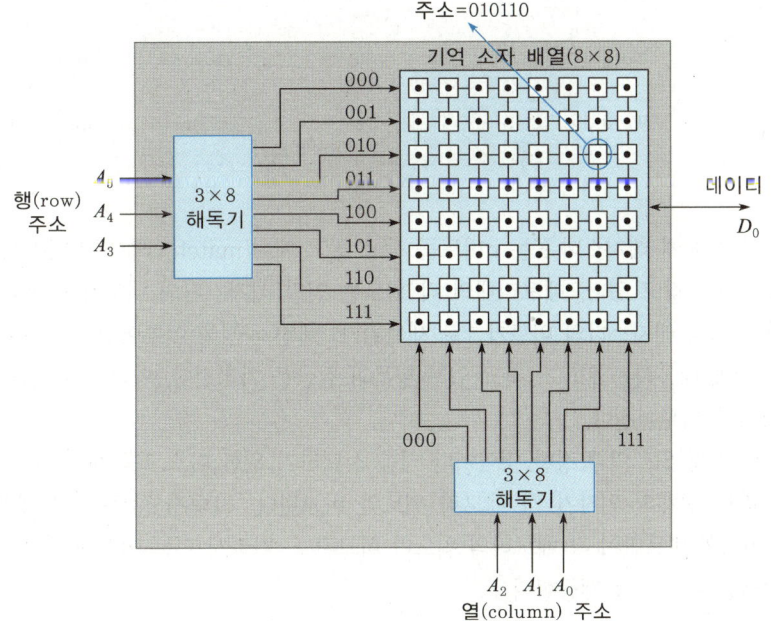

2 연관기억 장치

메모리에 저장된 항목을 찾는 데 요구되는 시간은 저장된 데이터가 주소 보다 데이터의 내용 자체로 찾을 수 있다면 상당히 줄일 수 있다. 내용에 의하여 접근되는 메모리 장치를 어소시어티브 메모리(associative memory) 또는 내용 지정 메모리(content addressable memory, CAM)라 부른다. 이 방식은 데이터의 내용으로 병렬 탐색을 하기에 알맞도록 되어있으며, 탐색은 전체 워드 또는 한 워드내의 일부만을 가지고 시행될 수 있다. 어소시어티브 메모리는 각 셀이 저장 능력 뿐 아니라 외부의 인자와 내용을 비교하기 위한 논리 회로를 갖고 있기 때문에 RAM보다 값이 비싸다. 따라서 탐색 시간이 중요하고 매우 짧아야 하는 응용에 쓰인다.

(1) m개의 워드와 워드당 n비트의 메모리 배열(memory array)의 연관기억장치

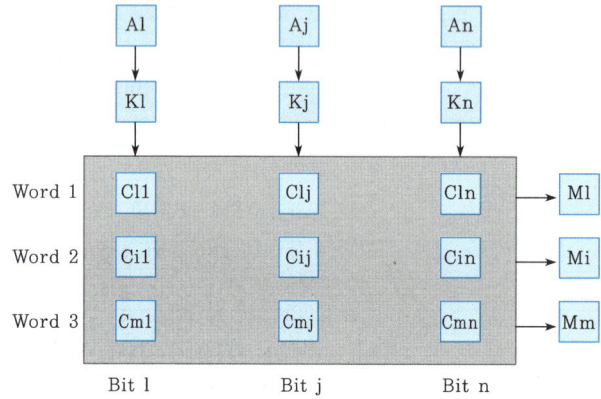

인자 레지스터 A와 키 레지스터 K는 n비트를 갖고 있고 매치(match) 레지스터 M은 각 메모리 워드당 1비트씩 m비트를 갖고 있다. 메모리내의 각 워드는 인자 레지스터의 내용과 비교되어 같을 경우에는 이에 해당하는 매치 레지스터의 비트가 1로 세트된다. 매칭 과정이 이루어진 후, 매치 레지스터에서 세트된 비트는 이에 대응하는 워드가 찾고 있는 항목과 같음을 가리킨다. 따라서 이 워드를 메모리에 접근함으로써 읽기가 이루어진다.

키 레지스터는 인자 워드의 특정한 영역이나 키를 선택하기 위한 마스크를 제공한다. 만약 키 레지스터가 모두 1이라면 전체의 인자가 각 메모리 워드와 비교된다. 그렇지 않으면 키 레지스터의 대응하는 비트가 1인 인자의 비트만이 각 메모리의 워드와 비교된다. 따라서 키는 어떻게 메모리 참조가 이루어지는가를 지정하는 마스크를 제공한다.

(2) **연관 기억장치의 예**

인자 레지스터 A와 키 레지스터 K의 내용이 다음과 같이 되어 있다고 가정하자. K의 왼쪽 비트만이 1이기 때문에 A의 해당 비트가 메모리 워드의 내용과 비교된다. 워드 2는 인자의 왼쪽 비트와 워드가 같기 때문에 마스크되지 않은 인자 필드와 매치된다.

A	101	111100	
K	111	000000	
워드 1	100	111100	no match
워드 2	101	000001	match

(3) 메모리 배열과 외부 레지스터 사이의 관계

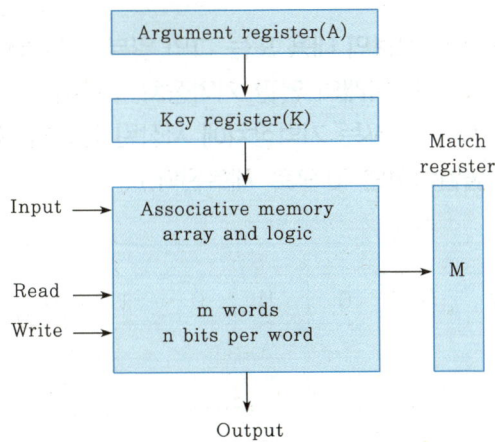

배열의 셀은 두 개의 첨자를 가진 C로 표시된다. 첫 번째 첨자는 워드 번호를, 두 번째 첨자는 워드내의 비트 위치를 지정한다. 따라서 Cij는 I워드 내의 j번째 비트의 셀을 나타낸다. 인자 레지스터 Aj비트는 Kj=1이라면 j번째 칸의 모든 비트와 비교된다. 만약 마스크 되지 않는 모든 인자의 비트들과 I워드의 비트들의 매치가 이루어진다면 매치 레지스터의 대응하는 비트 Mi가 1로 세트된다.

(4) 매치 논리

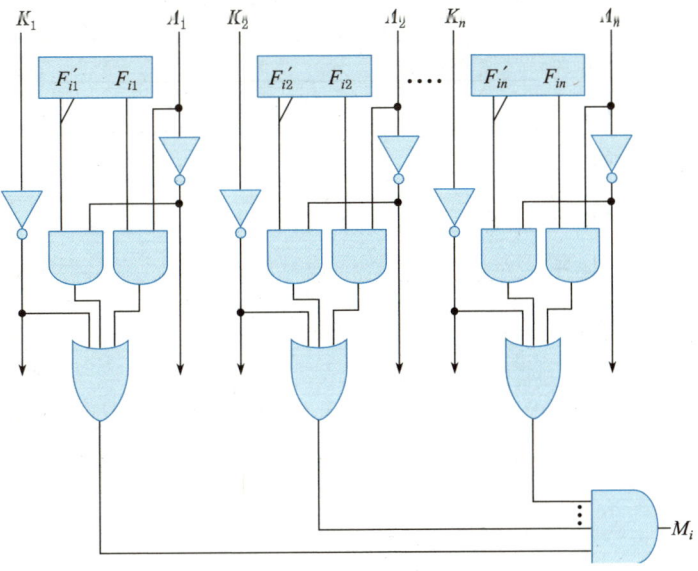

메모리 구조

문제 43

연관 기억장치에 기억되어 있는 정보의 내용 또는 그의 일부에 의해서 기억되어 있는 위치에 접근하여 정보를 읽어 내는 방법이다. 아래의 연관 기억장치 구조에서 C는 검색정보 레지스터, M은 마스크레지스터, I_i는 일치 지시기, W_i는 기억장치에 저장된 단어일 때, I_0, I_1, I_2, I_3, I_4에 세트되는 값은? (단, 일치이면 '1', 불일치이면 '0'으로 세트된다.)

연관 기억장치 구조

	1	1	0	0	1	0	1	0	1	C
	0	0	0	0	1	1	1	1	1	M
W_1	1	1	0	0	1	0	1	0	1	→ I_0
W_2	1	1	0	0	1	1	0	0	1	→ I_1
W_3	1	0	0	1	1	0	1	1	0	→ I_2
W_4	1	0	1	0	1	0	1	0	1	→ I_3
W_5	1	0	1	1	1	0	1	0	1	→ I_4

- I_0 = _____
- I_1 = _____
- I_2 = _____
- I_3 = _____
- I_4 = _____

3 캐시기억 장치

(1) 적중률(hit ratio)

① 적중률(H) = $\dfrac{\text{캐쉬에 적중되는 횟수}}{\text{전체기억장치 액세스 횟수}}$

② Ta = H × Tc + (1−H) × (Tc + Tm)

(2) 쓰기 정책

① write-through 방식 : write동작이 이루어질 때마다 캐시 메모리와 주기억장치를 동시에 갱신하는 방법이다.

② write-back 방식 : write동작 동안에는 캐시의 내용만이 갱신된다. 그 다음에 여기에 플래그로 표시하여 워드가 캐시로부터 제거될 때 주기억장치에 복사된다.

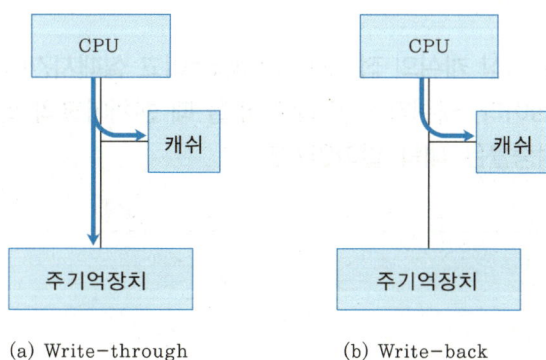

(a) Write-through   (b) Write-back

문제 44

다음의 캐쉬 기억장치에 대한 〈조건〉을 보고 읽기와 쓰기 모두 고려한 경우 평균 메모리 접근시간을 쓰시오.

조건

- 주메모리 접근시간   : 100ns
- 캐쉬 접근시간   : 20ns
- 읽기 확률   : 60%
- 읽기 시 캐쉬 히트율 : 90%
- 쓰기 정책   : write through

메모리 구조

문제 45

특정 프로그램이 1000개의 메모리 접근을 하면서 수행되고 있으며, 캐쉬와 페이지화된 가상메모리를 가진 컴퓨터에서 총 140개의 캐쉬 미스와 300개의 페이지 부재가 발생한다. 캐쉬 히트에 대한 시간은 20ns이고, 주기억장치 히트에 대한 시간은 100ns이고, 디스크로부터 주기억장치로 읽어오는 데 걸리는 시간은 500ns이다. 캐쉬 기억장치와 주기억장치만을 고려했을 때 평균 접근시간과 시스템에 대한 전체적인 유효 접근시간을 각각 쓰시오.

문제 46

어떤 2-way 세트-연관 사상 캐쉬의 접근시간이 40ns이고 실패시간이 90ns이다. 캐쉬가 없으면 메모리 접근시간이 70ns이다. 캐쉬가 있을 때와 없을 때 벤치마크의 실행결과가 1.4배의 속도 향상을 보인다. 캐쉬의 적중률은 대략 얼마인가?

(3) 주기억장치와 캐쉬의 조직

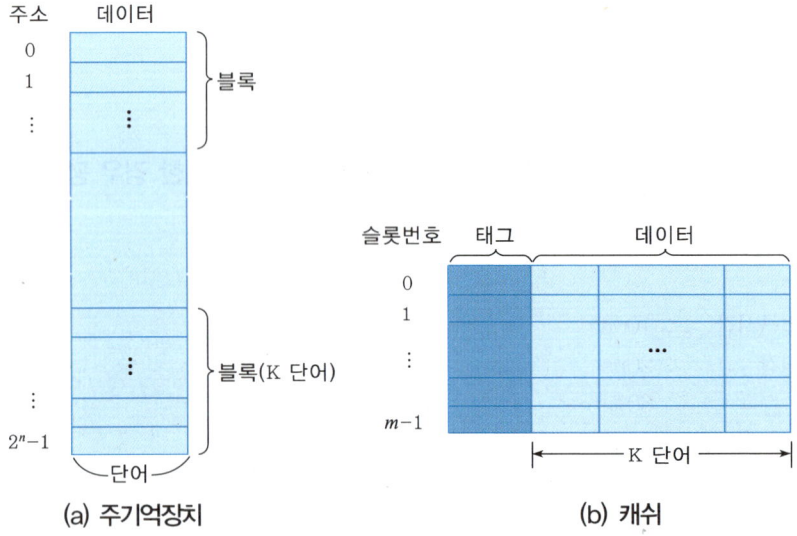

(a) 주기억장치　　(b) 캐쉬

(4) **사상방식**
   ① 직접 사상
      ㉠ 주기억장치의 주소 필드

t	s	w
태그 필드	슬롯 필드	단어 필드

   ㉡ 직접 사상의 캐쉬 조직

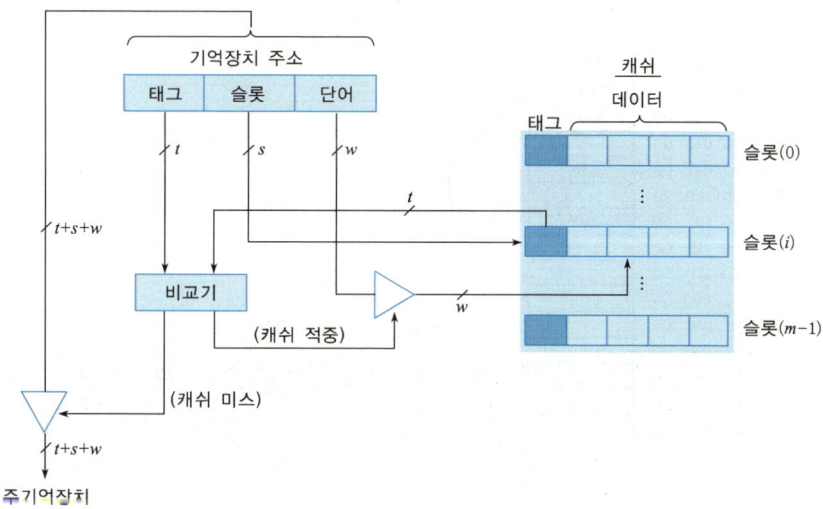

- 주기억장치의 용량은 16MB이다. 따라서 주기억장치의 주소는 24비트이며, 바이트 단위로 주소가 지정된다.
- 단어의 길이는 한 바이트인 것으로 가정한다.
- 주기억장치의 블록 크기를 4단어로 한다. 따라서 블록의 수는 16MB/4 = 4MB(2^{22})개가 된다.
- 캐쉬의 크기는 64KB이다.
- 주기억장치의 블록 크기가 4바이트이므로 캐쉬 슬롯의 크기도 4바이트가 되어야 하며, 결과적으로 슬롯의 수는 64KB/4B = 16KB(2^{14})개가 된다.

8	14	2
태그 필드	슬롯 필드	단어 필드

메모리 구조

문제 47

프로그램 실행 중의 어느 시점에서 직접 사상(direct mapping) 캐쉬의 슬롯들이 아래와 같은 그림으로 블록들을 적재하고 있다고 가정한다. 이때 CPU로부터 다음과 같은 기억장치 주소들이 발생한 경우에 캐쉬 적중인지 또는 캐쉬 미스인지를 구분하시오. 그리고 캐쉬 적중이면 적중 데이터를 쓰고, 캐쉬 미스이면 대치될 데이터를 쓰시오.

그림

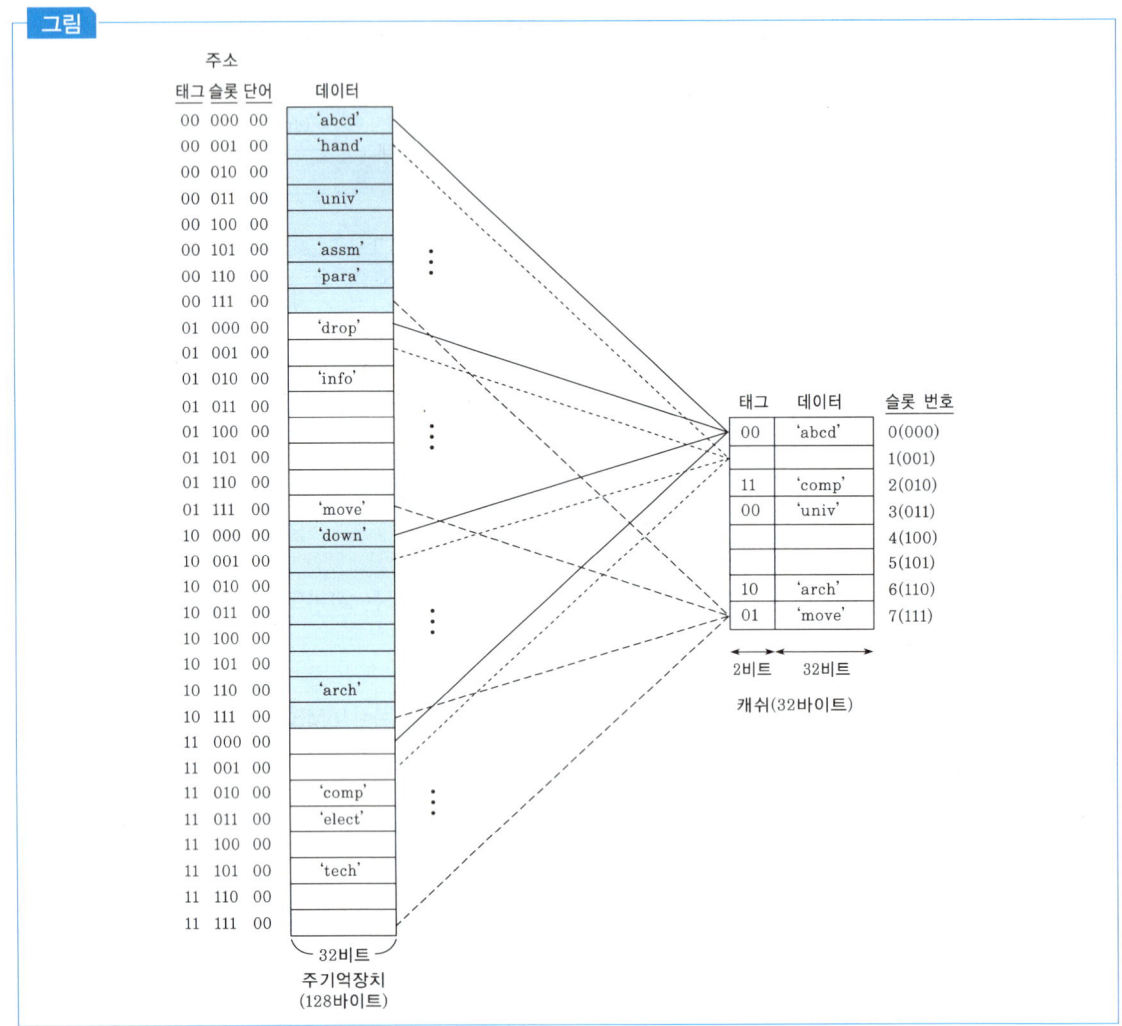

주소	적중 또는 미스 구분	데이터
0101000		
0001100		
1110100		
1011000		

② 연관 사상
　㉠ 주기억장치의 주소 필드

t	w
태그 필드	단어 필드

　㉡ 연관 사상의 캐쉬 조직

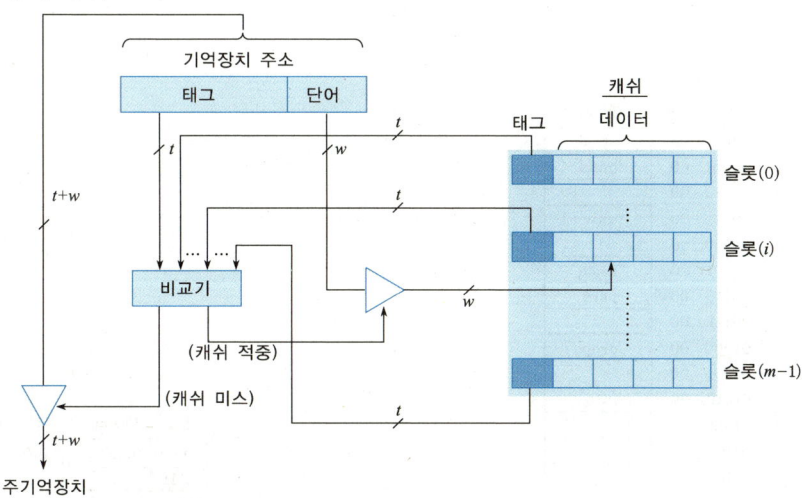

메모리 구조

문제 48

프로그램 실행 중의 어느 시점에서 연관 사상(associative mapping) 캐쉬의 슬롯들이 아래 같은 그림으로 블록들을 적재하고 있다고 가정한다. 이때 CPU로부터 다음과 같은 기억장치 주소들이 발생한 경우에 캐쉬 적중인지 또는 캐쉬 미스인지를 구분하시오. 그리고 캐쉬 적중이면 적중 데이터와 슬롯번호를 쓰고, 캐쉬 미스이면 대치될 데이터와 슬롯번호를 쓰시오.

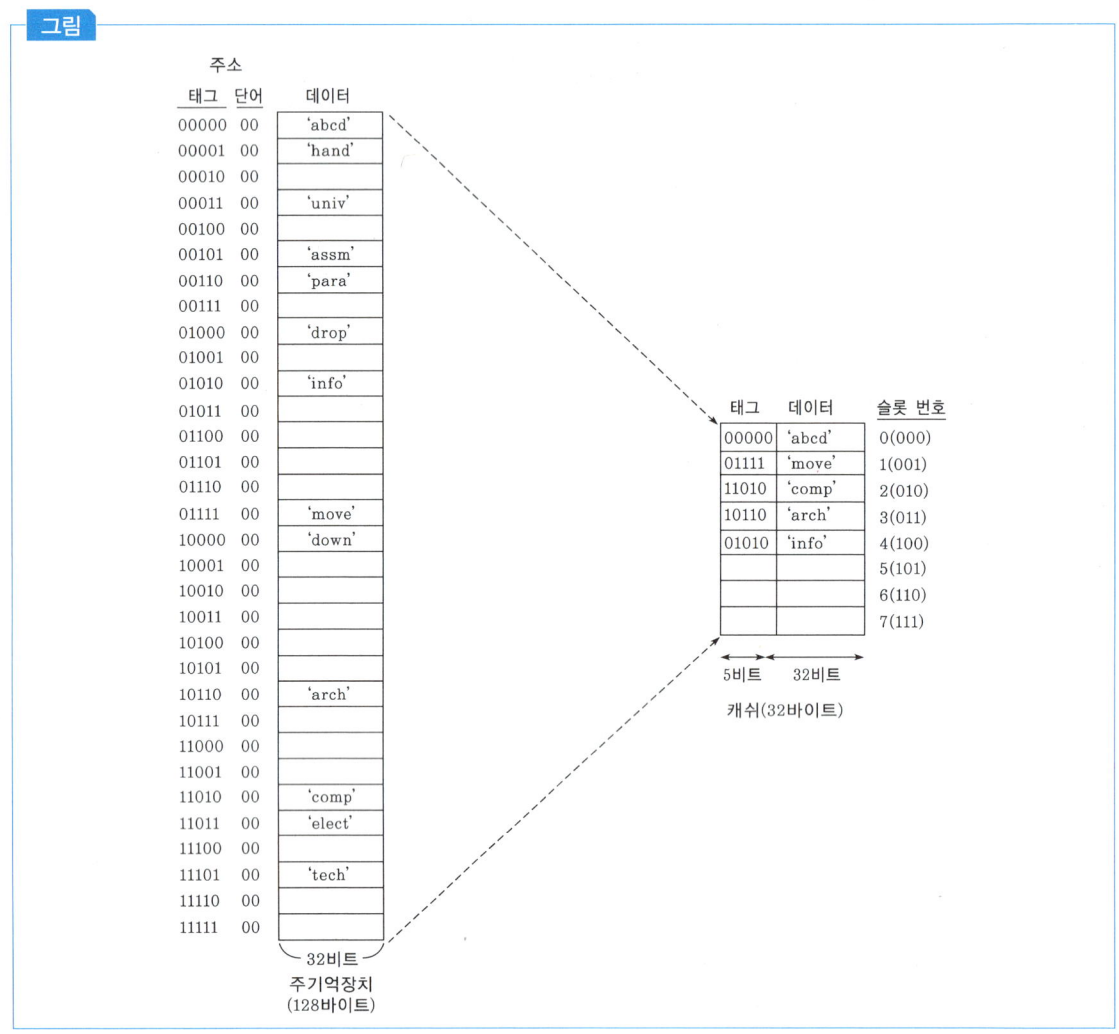

주소	적중 또는 미스 구분	데이터 / 슬롯번호
1011000	적중	'arch' / 3
0010100	미스	'assm' / 5
0000000	적중	'abcd' / 0

③ 세트-연관 사상
  ㉠ 주기억장치의 주소 필드

t	d	w
태그 필드	세트 필드	단어 필드

  ㉡ 세트-연관 사상의 캐쉬 조직

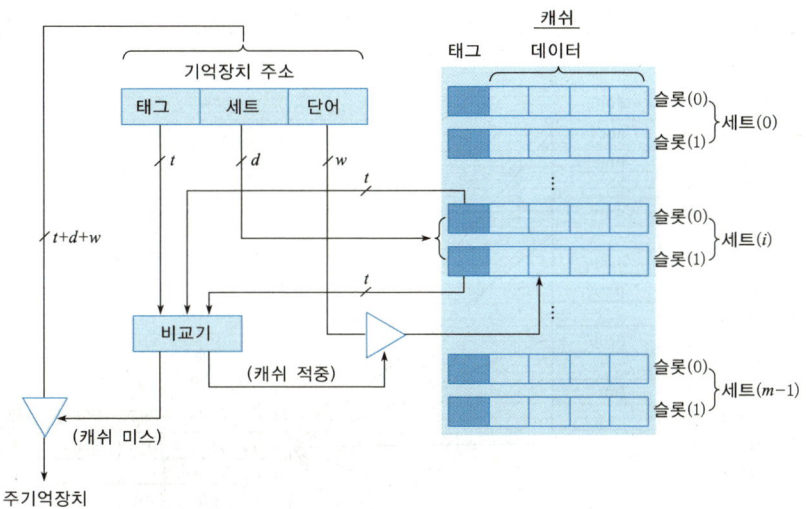

메모리 구조

문제 49

프로그램 실행 중의 어느 시점에서 세트-연관 사상 캐쉬의 슬롯들이 아래 그림과 같은 블록들을 적재하고 있다고 하자. 이때 CPU로부터 다음과 같은 기억장치 주소들이 발생한 경우에 캐쉬 적중인지 또는 캐쉬 미스인지를 구분하시오. 그리고, 캐쉬 적중이면 적중 데이터와 태그를 쓰고, 캐쉬 미스이면 대치될 데이터와 태그를 쓰시오.

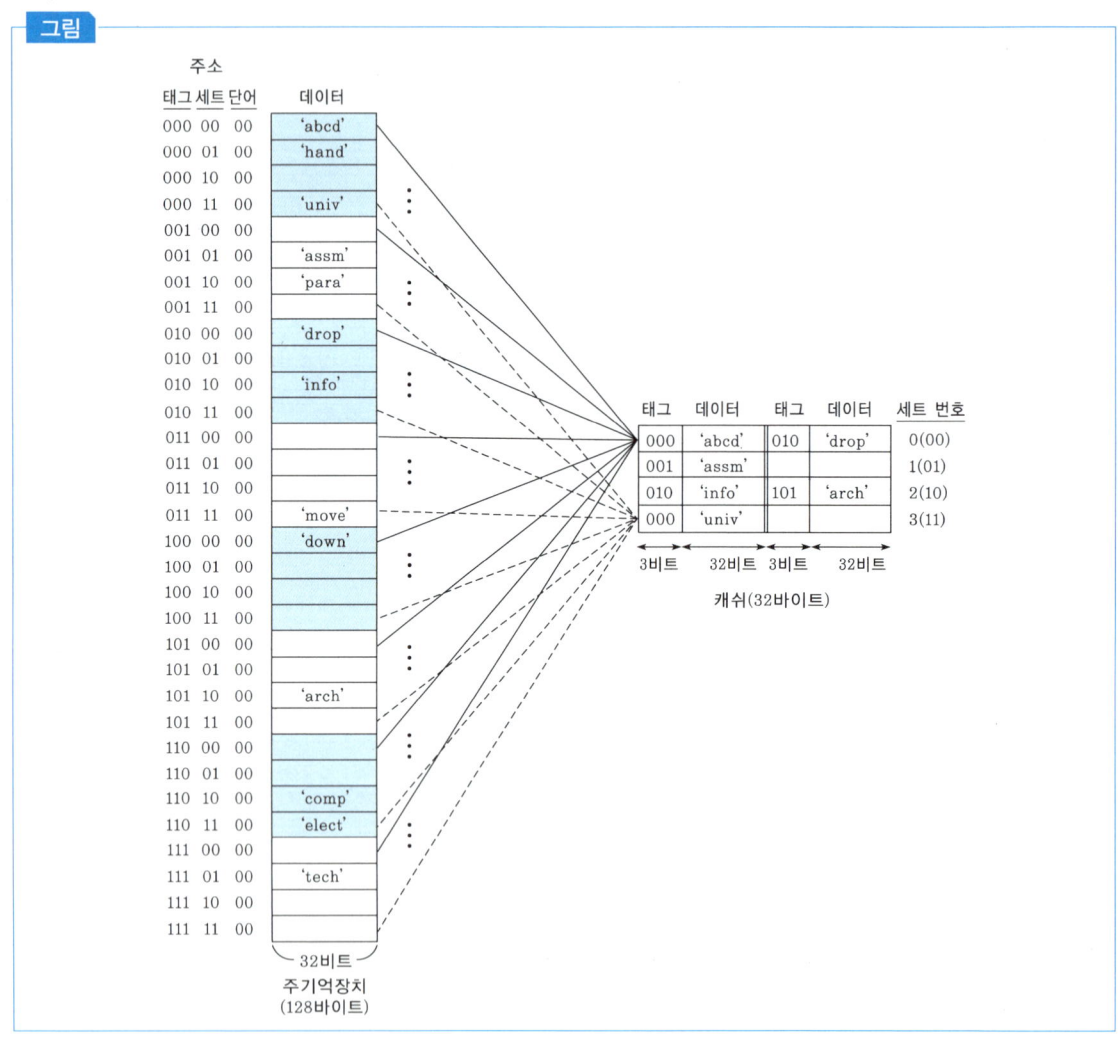

블록	구분	데이터	태그
1011000	적중	'arch'	101
1110100	미스	'tech'	111
1000000	미스	'down'	100
0001100	적중	'univ'	000

기출 2010 어떤 컴퓨터 시스템이 직접 사상(direct mapping) 방식의 캐시 메모리를 사용하고, 이 캐시 메모리는 블록당 한 워드(32비트)씩 8개 워드를 저장한다. 다음 〈조건〉에서 아래와 같이 6비트 이진 블록주소가 중앙처리장치(CPU)로 부터 요청될 때, 처리 후 캐시 메모리 내부 ㉮, ㉯, ㉰에 들어갈 내용으로 옳은 것은?

> 6비트 이진 블록주소 요청 처리 순서 :
> 100010 → 111000 → 101010 → 110110 → 111000

조건
- 캐시 메모리의 초기 상태는 비어 있다.
- 직접 사상 방식은 블록주소를 캐시 메모리의 블록 수로 나머지(modulo) 연산한 값을 인덱스(index)로 사용한다.

인덱스	태그(tag)	블록 데이터
0	㉮	데이터
1		
2	㉯	데이터
3		
4		
5		
6	㉰	데이터
7		

	㉮	㉯	㉰
①	110	100	101
②	110	100	111
③	111	100	110
❹	111	101	110
⑤	010	101	110

해설

- 100 010 ⇨ 34 % 8 = 2 (tag : 100, index : 010)
- 111 000 ⇨ 56 % 8 = 0 (tag : 111, index : 000)
- 101 010 ⇨ 42 % 8 = 2 (tag : 101, index : 010)
- 110 110 ⇨ 54 % 8 = 6 (tag : 110, index : 110)
- 111 000 ⇨ 56 % 8 = 0 (tag : 111, index : 000)

메모리 구조

기출 2014 다음은 집합-연관 사상(set-associativemapping)캐시 메모리 구조와 캐시 메모리 및 주 메모리의 현재 적재 상태이다. CPU가 0110, 0111, 1001주소에 적재되어 있는 데이터를 순차적으로 인출(fetch)했을 때, 갱신된 캐시 메모리의 최종 적재 상태를 기술하시오. [5점]

〈집합-연관 사상 캐시 메모리 구조〉
- 메모리 주소는 4비트 크기이며 바이트 단위로 지정된다.
- 메모리 주소는 태그 2비트, 집합 인덱스 2비트로 구성된다.
  즉, 메모리 주소 1011의 태그는 10, 집합 인덱스는 11이다.
- 주 메모리에서 캐시 메모리로 전송되는 데이터 블록의 단위는 1바이트이다.
- 2-way집합-연관 사상 캐시 메모리를 사용한다.
- 캐시 메모리에서 데이터 블록의 교체는 최소 최근 사용(Least Recently Used)방식을 따른다.
- 캐시 메모리에서 참조 필드(1비트)는 해당 집합 인덱스에 존재하는 데이터 블록 중 최근에 사용된 데이터 블록을 나타낸다. 해당 집합 인덱스에서 0은 왼쪽, 1은 오른쪽 데이터 블록이 최근에 사용되었음을 나타낸다.

〈집합-연관 사상 캐시 메모리 적재 상태〉

집합 인덱스	태그	데이터블록	태그	데이터 블록	참조
00	11	DA			0
01	00	AB	01	BB	1
10	01	BC			0
11	10	CD			0

〈주 메모리 적재 상태〉

메모리 주소	데이터 블록
0000	AA
0001	AB
0010	AC
0011	AD
0100	BA
0101	BB
0110	BC
0111	BD
1000	CA
1001	CB
1010	CC
1011	CD
1100	DA
1101	DB
1110	DC
1111	DD

정답

집합 인덱스	태그	데이터블록	태그	데이터 블록	참조
00	11	DA			0
01	10	CB	01	BB	0
10	01	BC			0
11	10	CD	01	BD	1

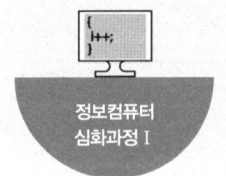

정보컴퓨터
심화과정 I

CHAPTER II

운영체제

SECTION 1 프로세스 스케줄링

1 프로세스 제어 블록(PCB)

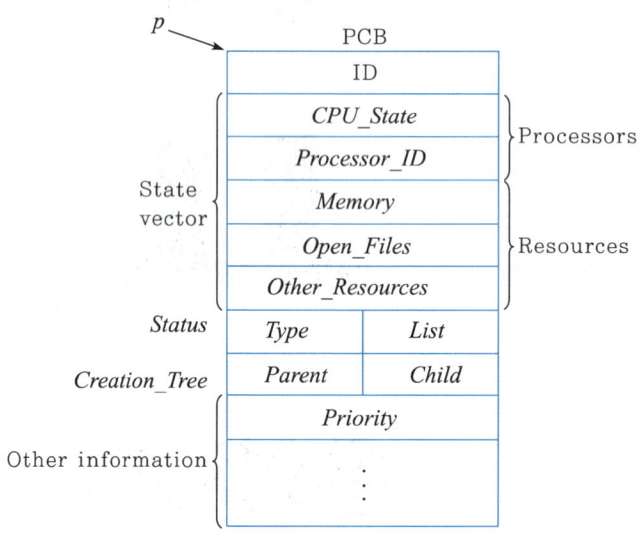

① ID
  ㉠ 각 프로세스는 자신의 PCB에 의해 유일하게 식별된다.
  ㉡ 새로운 프로세스 ID는 pid = Get_New_PID( )함수로 얻는다.
② 프로세서(Proressors)
  ㉠ CPU_State 필드는 모든 하드웨어 레지스터의 사본과 CPU의 플래그를 포함한다.
  ㉡ Processor_ID 필드는 p를 실행하는 CPU를 나타낸다.
③ 자원(Resources)
  ㉠ Memory 필드는 그 프로세스를 위한 주 메모리 맵을 제공한다.
  ㉡ Open_File 필드는 현재 열려 있는 모든 파일을 명시한다.
④ 상태 정보
  ㉠ Status.Type 필드는 ready, running, blocked 중 하나이다.
  ㉡ Status.List 필드는 Ready List나 Waiting List 중 하나를 포인트한다.
  ㉢ Creation_Tree.Parent 필드는 루트를 제외한 프로세스의 부모 프로세스를 저장한다.
  ㉣ Creation_Tree.Child필드는 자신이 직접 생성한 자식 프로세스를 명시한다.
⑤ 다른 정보
  ㉠ Priority_ID 필드는 다른 프로세스와의 상대적 중요도를 나타낸다.
  ㉡ PCB의 마지막 부분은 스케줄링, Accounting, 자원 할당, 성능 측정에 유용한 다양한 다른 필드도 포함한다.

2 프로세스의 상태 전이도

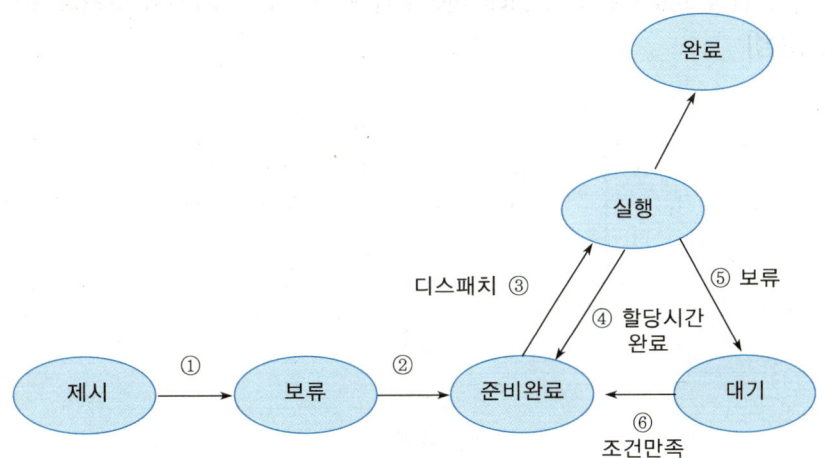

① Suspend & Resume의 이유
  시스템에 프로세스가 너무 많은 경우 전체적인 부하를 줄이기 위해 몇 개의 프로세스를 일시적으로 중단시키고 부하가 해소되면 중단시킨 프로세스를 다시 재시작시킨다.

② Run → Suspend
  ㉠ 실행 중인 프로세스가 자신의 시간 할당량을 초과하기 전에 입출력을 요청하면 CPU를 스스로 반납하고 입출력이 종료될 때까지 Suspend 상태로 변한된다.
  ㉡ Suspend 상태는 자신의 제어 하에 있는 입출력 작업이 끝나기를 기다리는 상태이다.

③ Run → Block
  ㉠ 이미 다른 프로세스가 프로세스들 간에 상호배제해야 될 임계구역에 들어가 있는데 여기를 접근하려는 프로세스가 발생하면 Block상태로 변환된다.
  ㉡ Block상태는 현재 사용이 불가능한 자원에 대한 사용을 기다려야 하는 상태이다.

SECTION 1 프로세스 스케줄링

기출 2019 운영체제 S의 프로세스 관리와 관련하여 (가)는 프로세스 A, B, C에 대한 스케줄링 상황을, (나)는 관리 대상 프로세스들의 상태 전이도를 보여준다. 〈조건〉을 고려하여 〈작성 방법〉에 따라 쓰시오. [2점]

(가)

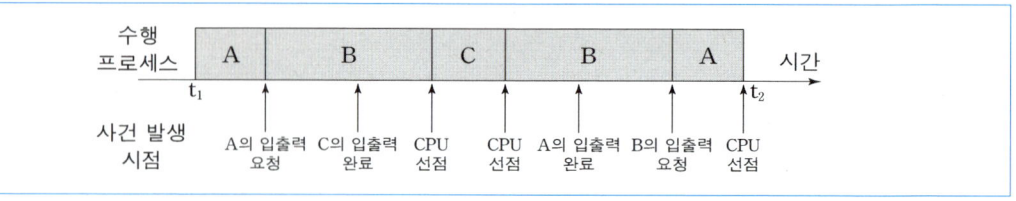

(나)

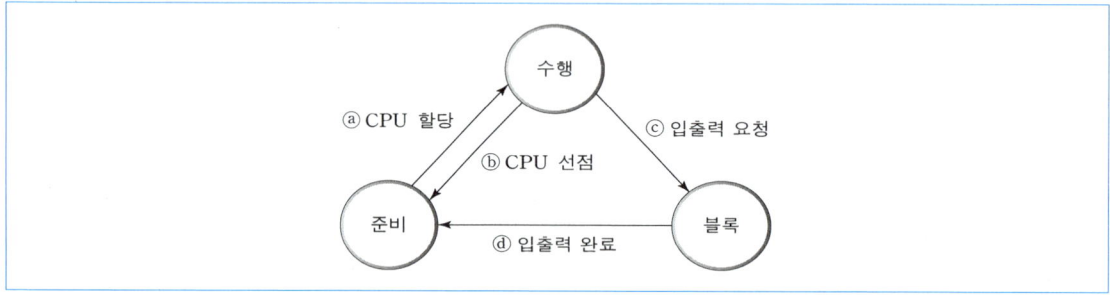

조건

- (가)는 시점 t_1부터 t_2까지 발생한 사건들과 수행된 프로세스들을 시간순으로 보여준다.
- (가)에 표시된 사건 이외에 프로세스의 상태를 전이시키는 사건은 시점 t_1과 t_2 사이에 발생하지 않는 것으로 가정한다.
- (나)에 제시된 프로세스의 상태는 다음을 의미한다.
  - 수행 상태 : CPU가 할당되어 수행되고 있는 상태
  - 준비 상태 : CPU 할당을 기다리고 있는 상태
  - 블록 상태 : 입출력을 요청한 후 완료되기를 기다리고 있는 상태
- 시점 t_1에 프로세스 A와 B는 준비 상태에 있고, 프로세스 C는 블록 상태에 있다.

작성 방법

- (가)의 상황에서, 시점 t_1부터 t_2까지 (나)의 4가지 상태 전이(ⓐ, ⓑ, ⓒ, ⓓ)를 모두 거치는 프로세스의 이름과, 시점 t_2에 블록 상태에 있게 되는 프로세스의 이름을 순서대로 쓸 것.

정답 프로세스 A, 프로세스 B

해설
- 프로세스 A : ⓐ, ⓑ, ⓒ, ⓓ
- 프로세스 B : ⓐ, ⓑ, ⓒ
- 프로세스 C : ⓐ, ⓑ, ⓓ

3 스케줄링 알고리즘

(1) FIFO(First In First Out) 알고리즘
① 프로세스들은 대기 큐에 도착한 순서대로 적재되어 차례로 CPU를 할당받는다.
② 공평성을 갖고 있으며, 완료 시간을 예측하기 용이하다.
③ 각 프로세스 간에 있어서 응답 시간의 편차가 적다.

(2) SJF(Shortest Job First) 알고리즘
① 직업 할 시간이 가장 적은 프로세스에게 먼저 CPU를 할당한다.
② 평균 대기시간이 최소가 되는 최적이 알고리즘이다.
③ CPU 버스트 시간이 긴 프로세스는 기아 상태에 빠질 수 있다.
④ 일괄처리 시스템의 장기 스케줄링(Job 스케줄링)에는 유리하지만 단기 스케줄링에는 적용하기 어렵다.

(3) SRT(Shortest Remaining Time) 알고리즘
SJF기법의 변형으로 새로 도착한 프로세스를 비롯하여 대기 큐에 남아 있는 프로세스의 작업이 완료되기까지의 수행시간 추정치가 가장 적은 프로세스에게 먼저 CPU를 할당한다.

(4) RR(Round Robin) 알고리즘
① 프로세스는 FIFO형태로 대기 큐에 적재되지만 주어진 시간 할당량(time slice)안에 작업을 마쳐야 하며, 할당량을 다 소비하고도 작업이 끝나지 않은 프로세스는 다시 대기 큐의 맨 뒤로 되돌아간다.
② 대화식 사용자를 위한 시분할 시스템(TSS)을 위하여 고안되었다.
③ 시간 할당량이 매우 크면 <u>FIFO</u>와 동일하며, 매우 적으면 <u>문맥교환</u>이 빈번히 발생한다.

(5) HRRN(Highest Response-Ratio Next) 알고리즘
① Brinch Hansen이 SJF기법의 약점인 긴 작업과 짧은 작업의 지나친 불평등을 보완한 기법이다.
② 우선순위 = $\dfrac{대기시간 + CPU\,요구시간}{CPU\,요구시간}$
③ 분자에 대기시간이 있기 때문에 똑같은 CPU요구시간을 가진 작업 사이에는 대기시간이 긴 것에 높은 우선순위를 부여한다.

1 프로세스 스케줄링

기출 2009 - 15 다음의 특성을 갖는 〈프로세스 집합〉이 있다고 가정하자. 도착시간은 프로세스가 시스템에 도착한 시간이며, 처리시간은 프로세스가 종료되기까지 필요한 CPU 시간이다.

〈프로세스 집합〉

프로세스 이름	도착시간	처리시간
A	0	4
B	1	3
C	2	1
D	3	2

비선점(nonpreemptive) CPU 스케줄링 정책에 대한 설명으로 옳은 것을 〈보기〉에서 모두 고른 것은?

보기

ㄱ. SPN(또는 SJF)은 평균 대기시간이 가장 짧은 정책이다.
ㄴ. SPN(또는 SJF)은 처리시간이 짧은 프로세스를 먼저 처리하므로 트랜잭션 시스템에 적합 정책이다.
ㄷ. HRRN(Highest Response Ratio Next) 정책에서 처리시간이 긴 프로세스는 기아상태에 빠질 수 있다.
ㄹ. 스케줄링 비용을 무시하고 HRRN으로 수행했을 때 A, B, C, D의 평균 대기시간은 2.75이다.
ㅁ. 스케줄링 비용을 무시하고 FCFS로 수행했을 때, A, B, C, D의 평균 반환시간(turnaround time)은 3.25이다.

---

① ㄱ, ㄴ　　❷ ㄱ, ㄹ　　③ ㄱ, ㄹ, ㅁ　　④ ㄴ, ㄷ, ㅁ　　⑤ ㄷ, ㄹ, ㅁ

(1) HRRN 정책

〈A 수행 후의 대기시간과 우선순위〉

프로세스	대기시간	처리시간	우선순위
B	4 − 1 = 3	3	$\frac{3+3}{3} = 2$
C	4 − 2 = 2	1	$\frac{2+1}{1} = 3$
D	4 − 3 = 1	2	$\frac{1+2}{2} = 1.5$

〈스케줄링 과정〉

프로세스	시간								대기시간	반환시간
A									0	4
B									4	7
C									2	3
D									5	7

∴ 평균 대기시간 = $\frac{0+4+2+5}{4}$ = 2.75, 평균 반환시간 = $\frac{4+7+3+7}{4}$ = 5.25

(2) FCFS 정책

〈스케줄링 과정〉

프로세스	시간								대기시간	반환시간
A									0	4
B									3	6
C									5	6
D									5	7

∴ 평균 대기시간 = $\frac{0+3+5+5}{4}$ = 3.25, 평균 반환시간 = $\frac{4+6+6+7}{4}$ = 5.75

1 프로세스 스케줄링

기출 2014-03 〈조건〉의 프로세스들을 대상으로 CPU 스케줄링 알고리즘을 적용하고자 한다. 〈작성 방법〉에 따라 기술하시오. [5점]

조건

프로세스	CPU 요구시간(ms)	우선순위
P_1	7	2
P_2	2	3
P_3	1	1
P_4	4	3
P_5	3	4

○ 단일 프로세서 시스템의 대기 큐에 프로세스들이 P_1, P_2, P_3, P_4, P_5의 순서로 들어가 있다.
○ 우선순위의 값이 작을수록 우선순위가 높다.

작성 방법

(1) 라운드 로빈(Round-Robin)스케줄링 알고리즘과 비선점 우선순위(Priority)스케줄링알고리즘을 적용할 경우, 프로세스 P_1, P_2, P_3, P_4, P_5의 평균 대기 시간을 각각 계산하여 순서대로 쓴다.(단, 라운드 로빈 스케줄링 알고리즘 적용 시, CPU 시간 할당량(time quantum)은 5ms이다.)
(2) 라운드 로빈 스케줄링 알고리즘을 적용할 때, CPU 시간 할당량을 무한대로 설정할 경우 프로세스 P_1, P_2, P_3, P_4, P_5의 평균 반환 시간을 계산하여 쓴다.
(3) 선점 우선순위 스케줄링 알고리즘을 적용할 경우, 우선순위가 낮은 프로세스들이 CPU 할당을 무한 대기하는 기아상태(starvation)에 빠질 수 있다. 이러한 문제점을 해결하기 위한 방안을 1가지만 기술한다.

해답

(1) RR 스케줄링 : 8.4
    비선점 스케줄링 : 6.6
(2) 11.4
(3) 에이징(Aging)기법 : 기아상태을 해결하기 위한 기법으로 오랫동안 기다린 프로세스에게 우선순위를 높여주는 방식

문제 01

다음과 같은 상황에서 SRT 알고리즘과 라운드 로빈(RR) 알고리즘을 적용하였을 때의 평균 반환시간과 평균 대기 시간은 각각 쓰시오. (단, 시간할당량은 3이다.)

프로세스	도착시간	CPU요구시간
P_1	0	4
P_2	2	8
P_3	4	6
P_4	6	3
P_5	9	2

(1) SRT 알고리즘

∴ 평균 대기시간 = _____

∴ 평균 반환시간 = _____

(2) 라운드 로빈(RR) 알고리즘

∴ 평균 대기시간 = _____

∴ 평균 반환시간 = _____

문제 02

다음과 같은 도착시간과 CPU 버스트 시간이 주어질 때 HRN 스케줄링을 적용했을 프로세스의 실행순서를 쓰고, 또한 평균 대기시간과 평균 반환시간을 구하시오.

프로세스	도착시간	CPU 버스트 시간
P_1	0	7
P_2	2	3
P_3	4	5
P_4	6	6
P_5	7	2

SECTION 1 프로세스 스케줄링

문제 03

다음은 프로세스 스케줄링 정책인 FCFS, SJF, SRT, HRRN기법의 선택함수를 구하려고 한다. 〈조건〉을 고려하여 〈작성 방법〉에 따라 기술하시오. [4점]

조건

(가) 스케줄링에 사용되는 변수
  ○ r = 현재시간 − 프로세스가 시스템에 제출된 시간
  ○ e = 프로세스가 지금까지 실행된 시간
  ○ w = 프로세스가 실행을 기다리면서 대기한 총 시간
  ○ s = 프로세스가 제출한 총 실행 시간
(나) 선택함수
  ○ min( )함수는 최소값을 구하는 함수이다.
  ○ max( )함수는 최대값을 구하는 함수이다.
(다) r, e, w, s와 min( )함수, max( )함수, 사칙 연산만을 사용하여 작성한다.

작성 방법

(1) 선입선처리(First Come First Service) 스케줄링 정책 다음에 실행할 프로세스를 결정하기 위한 선택함수를 제시한다.
(2) 최단작업우선(Shortest Job First) 스케줄링 정책에서 다음에 실행할 프로세스를 결정하기 위한 선택함수를 제시한다.
(3) 최단잔여시간우선(Shortest Remaining Time) 스케줄링 정책에서 다음에 실행할 프로세스를 결정하기 위한 선택함수를 제시한다.
(4) HRRN(Highest Response time Ratio Next) 정책은 기본적으로 실행 시간이 짧은 프로세스를 선호하지만, 실행 시간이 긴 프로세스도 예상 응답 시간이 길어지면 우선순위가 높아져 결국에는 실행될 수 있도록 한다. HRRN 스케줄링 정책의 선택함수를 제시한다.

(6) MFQ 알고리즘
① 상위 준비 큐가 모두 비어야 하위 큐에 있는 프로세스가 실행되기 때문에 하위 준비 큐의 작업은 기아 상태에 빠질 수 있다.
② 각 큐에서 대기한 시간이 임계치를 넘을 경우 하위 큐에서 상위 큐로 이동할 수 있다.
③ priority aging : 특정 큐에서 오래 기다린 프로세스나 I/O버스트 주기가 큰 프로세스를 우선순위가 높은 단계의 준비 큐로 이동시키는 것이다.
④ CPU 사용 시간이 짧은 프로세스에게 CPU 사용의 우선권을 주거나, 입출력 위주로 되어 있는 프로세스에게 우선권을 주는 기법이다.

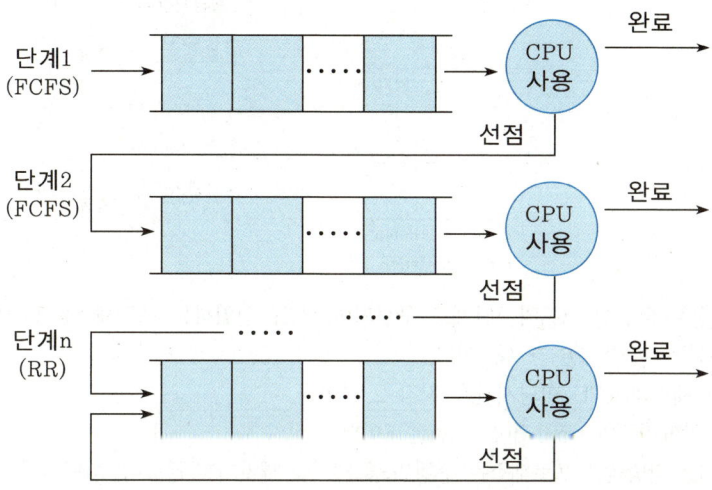

1 프로세스 스케줄링

기출 2017-14 〈조건〉과 같은 다단계 피드백 큐 기법을 이용하여 단일 CPU 스케줄링을 하고자 한다. 프로세스 P2의 최초 시작 시각과 최종 종료 시각을 쓰고, Q3에서 종료되는 프로세스 2개를 종료되는 순서대로 쓰시오. [4점]

조건

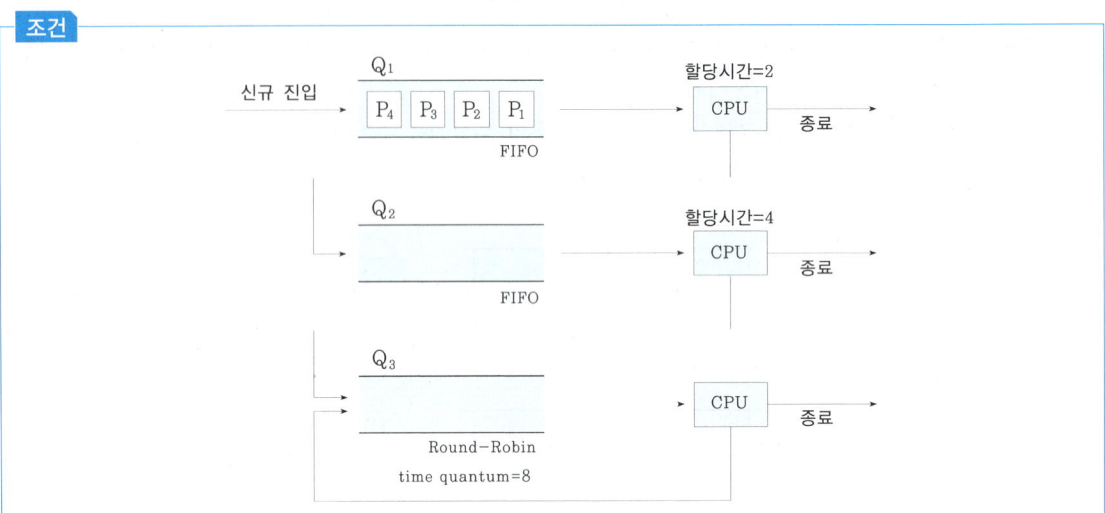

- 다단계 피드백 큐는 Q_1, Q_2, Q_3의 3단계로 구성되며, 신규 진입하는 프로세스는 Q_1으로 진입한다.
- 각 큐의 우선순위는 $Q_1 > Q_2 > Q_3$ 이다.
- Q_1, Q_2에서 프로세스의 CPU 할당시간은 각각 2, 4이다.
- Round-Robin 알고리즘의 time quantum은 8이다.
- Q_1, Q_2에서 CPU를 할당받은 프로세스는 수행 도중 제어를 빼앗기지 않으며, 할당시간을 모두 소비한 후에도 종료되지 못할 경우 낮은 우선순위의 큐로 이동된다.
- 프로세스가 수행되는 동안에 입출력은 고려하지 않는다.
- 4개의 프로세스는 시각 0에 모두 도착하며, 도착순서는 P_1, P_2, P_3, P_4라고 가정한다.
- 각 프로세스의 CPU 요구 시간은 다음과 같다.

프로세스	CPU 요구 시간
P_1	10
P_2	6
P_3	5
P_4	8

정답
- 최초 시작 시각 : 2   최종 종료 시각 : 16   2점
- P_1, P_4 2점

해설 Gantt Chart

	2	4	6	8	10	12	14	16	18	20	22	24	26	28
1	■				■							■	■	
2		■				■	■							
3			■	■										
4				■					■	■	■			■

기출 2019 다음은 운영체제가 SPN(Shortest Process Next) 스케줄링 정책을 적용하여 병행 수행 시키고자 하는 프로세스 A, B, C의 작업 시간구성을 보여준다. 〈조건〉을 고려하여 〈작성 방법〉에 따라 쓰시오. [4점]

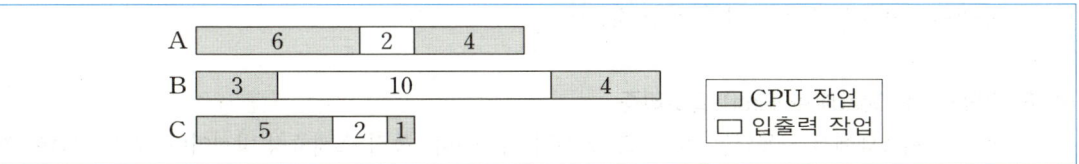

조건
- SPN은 비선점형(non-preemptive) 프로세스 스케줄링 정책으로, CPU 작업 시간이 가장 짧은 프로세스에 CPU를 할당한다.
- 모든 작업 시간의 단위는 초(second)이고, SPN 스케줄링 정책이 적용되기 시작하는 시점은 0이다.
- 각 프로세스의 작업은 'CPU 작업'과 '입출력 작업'으로 구성되며, 해당 작업이 모두 끝난 프로세스는 종료된다. 예를 들어 그림에 제시된 프로세스 A의 경우, 6초 동안의 CPU 작업이 끝나면 2초 동안의 입출력 작업이 이루어지고, 이후 4초 동안의 CPU 작업이 진행되고 나면 종료된다.
- '입출력 작업' 수행 시 입출력 장치 대기 시간은 없다고 가정한다.
- 프로세스 A, B, C가 스케줄링 시스템에 처음 도착(진입)한 시점은 각각 0, 1, 1이라고 가정한다.

작성 방법
(1) 가장 빨리 종료되는 프로세스의 이름과 가장 늦게 종료되는 프로세스의 이름을 순서대로 쓸 것.
(2) 시점 0부터 프로세스 A, B, C가 모두 종료될 때까지 CPU의 총 유휴시간(idle time)과 프로세스 C가 CPU 할당을 대기 하는 총 시간을 순서대로 쓸 것.

정답
(1) A, C 각 1점
(2) 1, 14 각 1점

해설

	1	2	3	4	5	6	7	8	9	10	11	12	13	14	15	16	17	18	19	20	21	22	23	24
CPU	A	A	A	A	A	A	B	B	B	A	A	C	C	C	C	C	C	C		B	B	B	B	C
IO								A	A		B	B	B	B	B	B	B	B		C				

(7) RM(Rate Monotonic) 알고리즘
① 정적 스케줄링 방식이며, 각 태스크 주기가 짧을수록 더 높은 우선순위를 부여한다.
② 더 짧은 주기 d가 더 높은 우선순위를 갖는다.
③ 우선순위 함수는 P = -d 형태를 갖는다.

(8) EDF(Earliest-Deadline-First) 알고리즘
① 실시간 시스템에서 사용되는 선점이고 동시적 기법이다. 동적 스케줄링 방식이며, 임계 시간이 가장 근접한 태스크를 가장 먼저 수행하는 방식이다.
② 가장 높은 우선순위는 deadline까지 가장 적은 시간이 남아있는 프로세스에게 할당된다.
③ 모든 프로세스는 주기적이고 deadline은 현재 주기의 마지막 시점이라 가정한다.
④ 완료된 주기의 수 : r ÷ d
⑤ 현재 주기에서 이미 지난 시간 : r %d
⑥ 구간의 끝까지 남은 시간 : d - r %d
⑦ 우선순위 함수는 P = -(d - r%d) 형태를 갖는다.

문제 04

다음 〈표〉를 보고 두 프로세스를 위해 처음 24 시간단위에 대한 RM과 EDF의 스케줄링을 보이시오.

프로세스	주기(d)	서비스 시간(t)
P_1	4	1
P_2	5	3

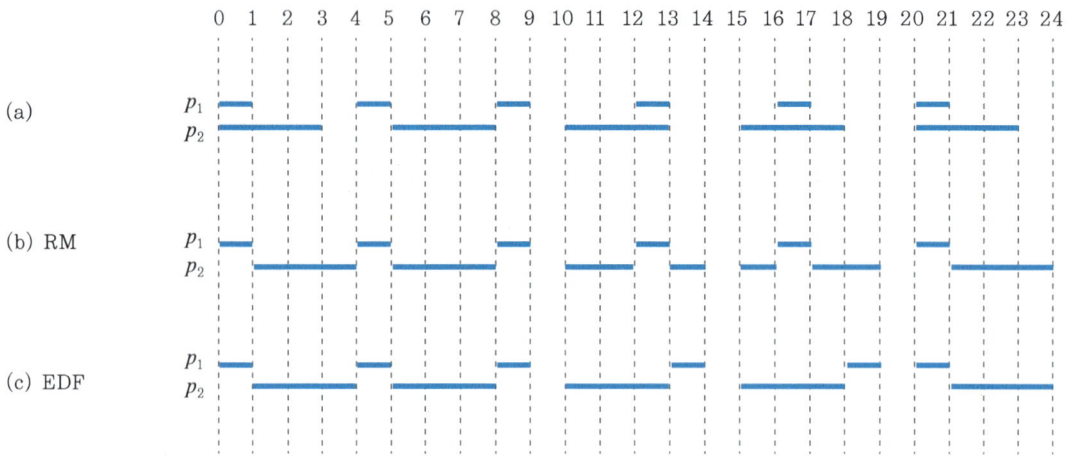

문제 05

다음 〈표〉를 보고 두 프로세스를 위해 처음 24 시간단위에 대한 RM과 EDF의 스케줄링을 보이시오.

프로세스	주기(d)	서비스 시간(t)
P_1	4	1.5
P_2	5	3

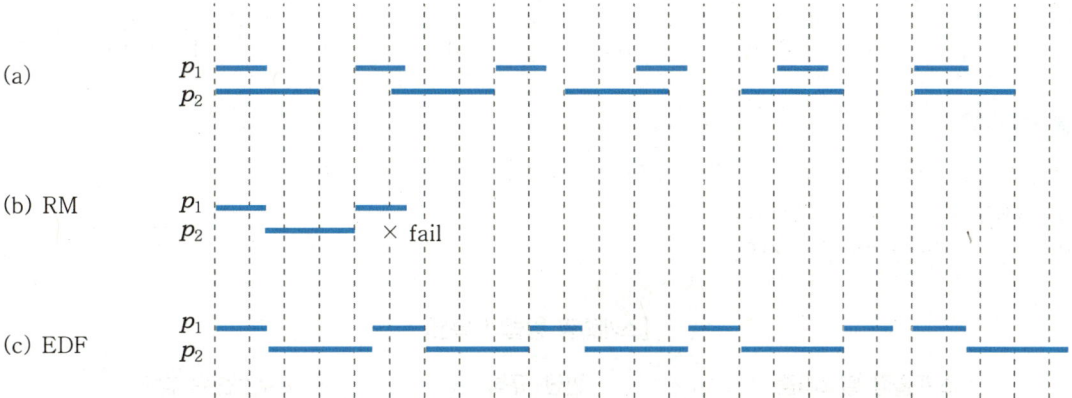

- CPU utilization : $U = \sum \dfrac{t_i}{d_i}$
- $U \leq 0.7$이면 RM 알고리즘에 적합하다.
- $U \leq 1$이면 EDF 알고리즘에 적합하다.

프로세스 스케줄링

문제 06

p_1, p_2, p_3인 세 프로세스를 고려해 보자. 다음 표는 각 프로세스의 전체 서비스 시간(t)과 주기(d) 값의 세 가지 경우를 보여주고 있다. 〈작성 방법〉에 따라 기술하시오.

Case 1

	t	d
p_1	3	50
p_2	70	1000
p_3	5	40

Case 2

	t	d
p_1	15	50
p_2	5	10
p_3	1	4

Case 3

	t	d
p_1	5	20
p_2	7	10
p_3	4	100

작성 방법

(1) Case 1, Case 2, Case 3의 CPU 이용률을 구하시오.
(2) RM에 적합한 방식을 쓰시오.
(3) EDF에 적합한 방식을 쓰시오.

[스케줄링 방법의 특성]

스케줄링 알고리즘	판단 규칙	우선순위 함수
FIFO	nonpreemptive	$P = r$
SJF	nonpreemptive	$P = -t$
SRT	preemptive	$P = -(t-a)$
RR	preemptive	$P = 0$
RM	preemptive	$P = -d$
EDF	preemptive	$P = -(d-r\%d)$

※ a : 획득한 서비스 시간, r : 시스템에서 실시간, t : 전체 서비스 시간, d : 주기

문제 07

t_0시간에 시스템에서 p_0, p_1, p_2인 세 프로세스가 있다고 하자. 이들의 도착시간, 전체 서비스 시간(t), 그리고 주기(d)가 다음 표가 같다. p_0은 도착 즉시 실행된다. 다음의 스케줄링 기법을 위해 t_0시간에 이 세 프로세스 각각의 (적절한 우선순위 함수에 의해 정의되는) 수치적 우선순위를 쓰시오.

프로세스	도착	t	d
p_0	t_0-20	50	160
p_1	t_0-10	60	200
p_2	t_0	20	150

스케줄링	p_0	p_1	p_2
FIFO			
SJF			
SRT			
RR			
RM			
EDF			

문제 08

t_0시간에 시스템에서 P_1, P_2, P_3, P_4인 4개 프로세스가 있다고 하자. 이들의 도착시간, 전체 서비스 시간이 다음 표와 같다. 〈작성 방법〉에 따라 기술하시오.

프로세스	도착시간	전체 서비스 시간
P_1	t_0-30	80
P_2	t_0-20	40
P_3	t_0-10	60
P_4	t_0	15

> 작성 방법
>
> (1) SJF 스케줄링 기법을 적용했을 때 평균 반환시간을 계산하여 쓴다.
> (2) SRT 스케줄링 기법을 적용했을 때 평균 대기시간을 계산하여 쓴다.
> (3) t_0시간에서 FIFO 스케줄링 기법에 대한 4개 프로세스 각각의 수치적 우선순위를 쓴다.

(9) 우선순위 반전와 상속

① 우선순위 반전

〈예제〉 세 프로세스 p1, p2, p3이 있으며, 우선순위는 p1>p2>p3순이다.
각 프로세스의 코드는 다음과 같다.

```
p1 : ····P(mutex); CS_1; V(mutex); ····
p2 : ····program_2; ····
p3 : ····P(mutex); CS_3; V(mutex); ····
```

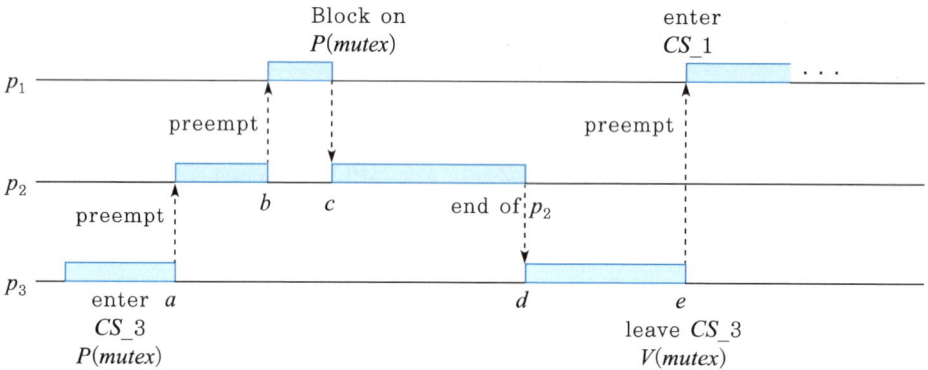

② 우선순위 상속

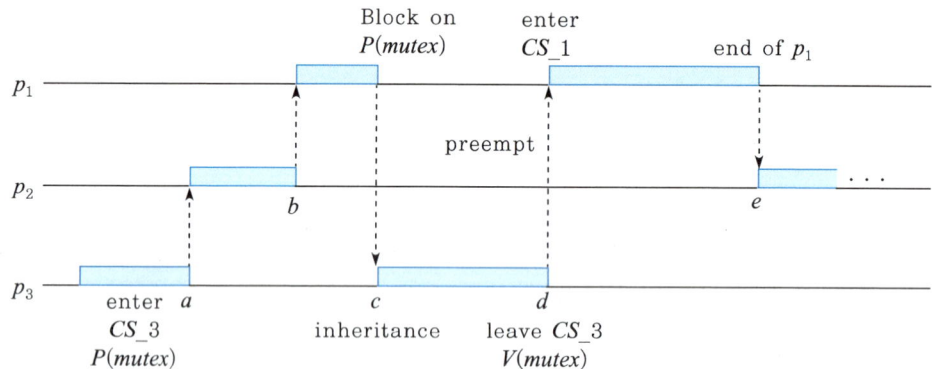

기출 2008 - 09 다음은 우선순위 기반 선점형 운영 체제에서 태스크의 동작을 보여주는 〈그림〉과 〈설명〉이다. 이 그림이 어떤 현상을 나타낸 것인지 해당 용어를 쓰시오. 그리고 이 현상을 해결하기 위한 방법을 1줄 이내로 쓰시오. [4점]

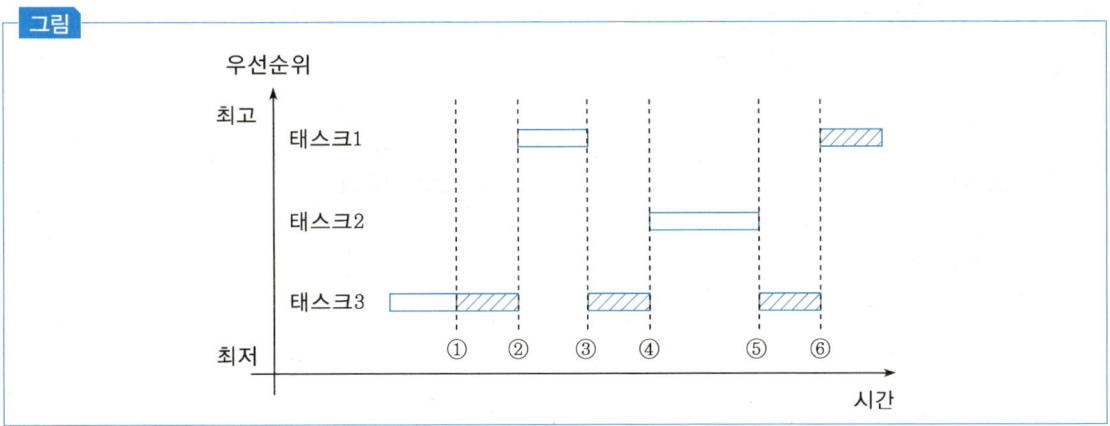

설명
- 실선으로 표현된 부분은 해당 태스크가 실행 중임을 의미한다.
- 빗금 친 부분은 해당 태스크가 세마포어를 획득하여 사용 중임을 의미한다.
- ①에서 태스크3은 세마포어를 획득한다.
- ②에서 태스크1은 태스크3을 선점한다.
- ③에서 태스크1은 세마포어를 획득하려고 한다.
- ④에서 태스크2는 태스크3을 선점한다.
- ⑤에서 태스크3은 작업을 재개한다.
- ⑥에서 태스크3은 세마포어를 반환한다.

- 용어 : 우선순위 반전
- 해결 방법 : 태스크1이 세마포어를 획득할 수 없어 대기하면서 태스크3에게 자신의 우선순위를 상속시킨다.

문제 09

p_0, p_1, p_2, p_3인 4개의 프로세스가 있다고 하자. 아래의 〈조건〉을 보고 네 프로세스가 단일 프로세서 시스템에서 병행적으로 수행된다고 가정한다. 우선순위가 상속되는 경우에 대한 평균 반환시간을 구하고, 프로세스의 종료순서를 쓰시오. (단, 각 프로세스의 수행시간은 4시간 단위이다.)

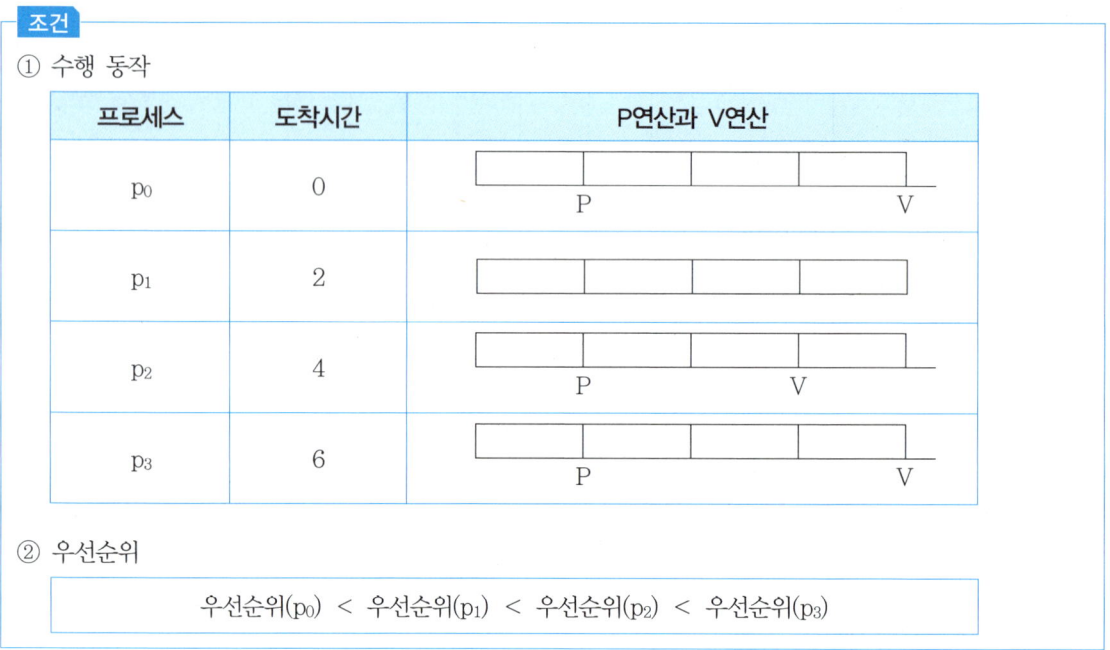

문제 10

어떤 시스템이 멀티프로세서 스케줄링을 지원하기 위하여 FCFS(First-Come First-Served), RR(Round-Robin), SRT(Shortest Remaining Time)의 3가지 기법을 지원한다. RR의 시간할당량(time quantum) 크기는 2이다. 시스템에 CPU0, CPU1 등 2개의 CPU가 있고, 준비큐(Ready queue)는 전역적으로 하나만 존재한다. 어떤 CPU가 유휴(idle) 상태가 되면 준비큐의 작업을 그 유휴 CPU에서 수행시키는 CPU 할당방식을 따른다. (단, 2개의 CPU가 동시에 유휴 상태가 되면 준비큐의 프로세스가 CPU0부터 할당된다고 가정한다.)

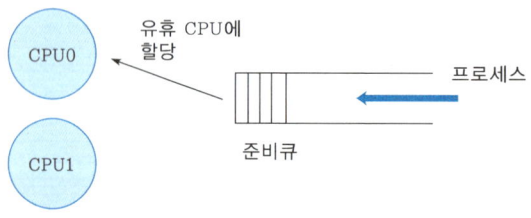

아래와 같은 프로세스들이 시스템에 들어올 때 〈작성 방법〉에 따라 기술하시오.

프로세스	도착시간	수행시간
A	1	3
B	2	8
C	3	5
D	4	6

작성 방법

(1) FCFS로 수행하는 경우, 매 시간 어느 프로세스가 어떤 CPU에서 스케줄링되는지 표시한다. (단, 매 수행시간마다 프로세스명을 순서대로 쓴다.)

CPU＼시간	1	2	3	4	5	6	7	8	9	10	11	12	13	14
CPU0														
CPU1														

(2) SRT로 수행하는 경우, 매 시간 어느 프로세스가 어떤 CPU에서 스케줄링되는지 표시한다. (단, 매 수행시간마다 프로세스명을 순서대로 쓴다.)

CPU＼시간	1	2	3	4	5	6	7	8	9	10	11	12	13	14
CPU0														
CPU1														

(3) RR로 수행하는 경우, 매 시간 어느 프로세스가 어떤 CPU에서 스케줄링되는지 표시한다. 그리고 프로세스들에 대한 평균 반환시간(turnaround time)을 구한다. (단, RR의 경우에는 여러 프로세스가 동시에 준비큐에 삽입될 때에는 프로세스 이름의 알파벳 순서가 빠를수록 준비큐의 앞쪽(front)에 놓인다고 가정한다.)

CPU＼시간	1	2	3	4	5	6	7	8	9	10	11	12	13	14
CPU0														
CPU1														

SECTION 2 교착상태(Deadlock)

1 자원 할당 그래프

(1) 재사용 가능한 자원과 소비되는 자원
  ① 재사용 가능한 자원
    ㉠ 자원 단위 개수 C_j는 일정하다.
    ㉡ R_j의 각 단위는 사용 가능하거나 어떤 프로세스에게 할당되어 있으며, 어떤 시점에 한 P_i에게만 할당된다.
    ㉢ R_j의 한 단위는 이전에 할당된 경우에만 반환될 수 있다.
  ② 소비되는 자원
    ㉠ 자원의 개수 W_j는 서로 다르다.
    ㉡ 자원을 반환해 줌으로써 W_j를 증가시키는 하나 이상의 생산자 프로세스 P_p가 있다.
    ㉢ 소비자 프로세스 P_c는 자원 단위를 획득함으로써 R_j에 대한 W_j를 감소시킨다.

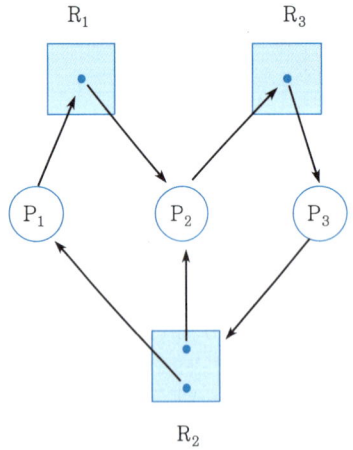
〈교착상태인 자원할당 그래프〉

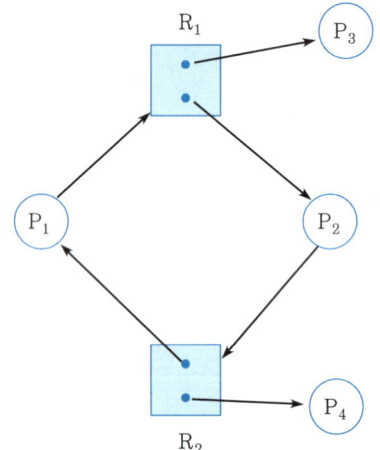
〈교착상태가 아닌 자원할당 그래프〉

문제 11

다음의 〈조건〉은 어떤 시스템 내부의 상태를 나타낸 것이다. 〈조건〉에 따라 자원 할당 그래프를 구성한다. 〈작성 방법〉에 따라 기술하시오.

조건

- 프로세스의 집합 $P = \{P_1, P_2, P_3\}$
- 프로세스의 우선순위 $P_1 = 1$, $P_2 = 2$, $P_3 = 3$
  (단, 수가 높을수록 우선순위가 높다.)
- 자원의 집합 $R = \{R_1, R_2, R_3, R_4\}$
- 인스턴스의 수 $\{R_1\} = 2$, $\{R_2\} = 2$, $\{R_3\} = 3$, $\{R_4\} = 1$
- 할당간선의 집합
  $E_A = \{R_1 \rightarrow P_1, R_2 \rightarrow P_2, R_2 \rightarrow P_3, R_3 \rightarrow P_1, R_3 \rightarrow P_3, R_4 \rightarrow P_1\}$
- 요청간선의 집합 $EA = \{P_1 \rightarrow R_2, P_2 \rightarrow R_3, P_3 \rightarrow R_3, P_3 \rightarrow R_4\}$

작성 방법

(1) 〈조건〉의 우선순위를 적용한 후 자원 할당 그래프를 그리시오.
(2) 자원 할당 그래프에서 존재하는 사이클을 모두 쓰시오.
(3) 교착상태인 프로세스를 모두 쓰시오.

2 교착상태(Deadlock)

기출 2009 - 16 현재 시스템의 상태를 나타내는 아래의 〈자원할당 그래프〉와 〈가정〉을 참조하자.

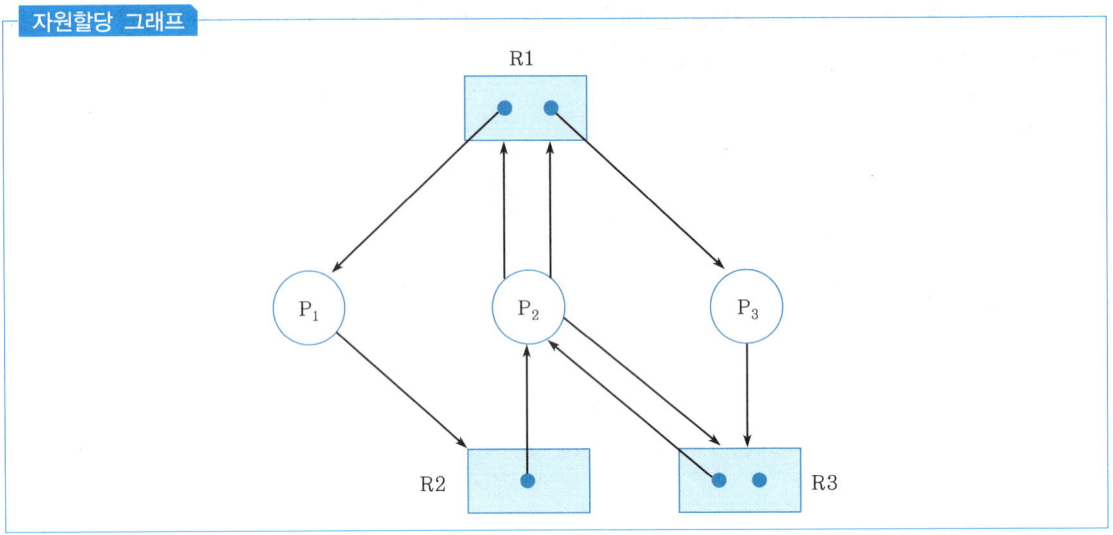

가정
- 현재 시스템에는 프로세스 3개(P_1, P_2, P_3)와 3가지 종류의 자원(R_1, R_2, R_3)이 존재한다.
- R_1, R_2, R_3은 각각 2개, 1개, 2개의 자원을 가지고 있다.
- 사각형 내의 원(●)의 수는 자원 수를 나타낸다.
- 간선(edge) $P_i \rightarrow R_j$는 프로세스 P_i가 R_j 자원을 1개 요구하는 것을 나타낸다.
- 간선 $R_j \rightarrow P_i$는 R_j 자원 1개가 프로세스 P_i에 할당된 것을 나타낸다.

보기
ㄱ. 현재 상태에서 추가적으로 사용가능한 자원의 수는 R1 0개, R2 0개, R3 1개이다.
ㄴ. 교착상태 발견은 각 프로세스들이 사용할 최대 자원 요구량을 미리 알고 있어야 한다.
ㄷ. 교착상태 발견은 교착상태 회피에 비해 자원 선점과 프로세스 수행의 롤백이 필요없는 기법이다.
ㄹ. 경로 $P_1 \rightarrow R_2 \rightarrow P_2 \rightarrow R_1 \rightarrow P_3 \rightarrow R_3 \rightarrow P_2 \rightarrow R_1 \rightarrow P_1$에는 사이클이 존재하므로 P_1, P_2, P_3은 교착상태에 있다.
ㅁ. 교착상태 발견은 현재 시스템에서 교착상태에 있는 프로세스가 있는가를 검사하며 이후의 상태에 대해서는 관심과 대응이 없는 기법이다.

❶ ㄱ, ㅁ   ② ㄱ, ㄴ, ㅁ   ③ ㄱ, ㄷ, ㄹ   ④ ㄱ, ㄷ, ㅁ   ⑤ ㄴ, ㄷ, ㄹ

(2) **자원 할당 그래프의 축소**
   ① 블록되지 않은 프로세스 p를 고른다.
   ② 이 프로세스 p와 이와 관련된 요청과 할당에 관련된 모든 에지들을 지운다.

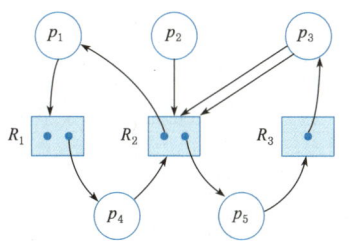 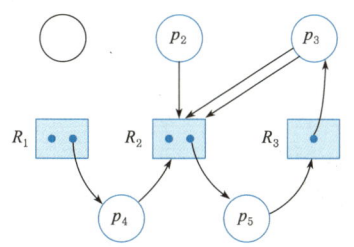 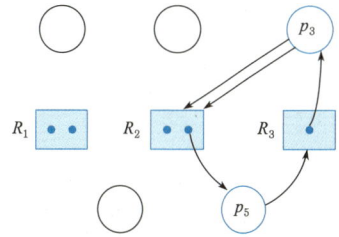

문제 12

다음의 경우를 읽고 물음에 답하시오.

> 한 시스템이 R1, R2, R3의 3가지 자원형을 가지고 있으며, 이들 자원형의 단위자원의 수는 각각 2, 2, 3개이다. 이 시스템에 현재 3개의 프로세스 P1, P2, P3가 존재한다. 이중 프로세스 P1은 자원형 R2와 R3의 단위자원을 1개씩 할당받고 있으며, R1의 단위 자원을 2개 요청하고 있다. 프로세스 P2는 R1의 단위 자원을 1개 할당받고 있으며, R3의 단위 자원을 2개 요청하고 있다. 프로세스 P3는 R1과 R2의 단위 자원을 1개씩 할당받고 있으며, R3의 단위 자원을 3개 요청하고 있다.

(1) 위의 경우에 대한 자원 할당 그래프와 축소된 그래프를 그리시오.

자원 할당 그래프	축소된 자원 할당 그래프

(2) 이 상태가 교착상태인지 아닌지를 구분하시오. 또한 만일 이 상태가 교착상태라면 어느 프로세스들이 교착상태인지를 쓰시오.

(3) 프로세스의 상태 전이

① 프로세스 p1에 의한 상태 전이

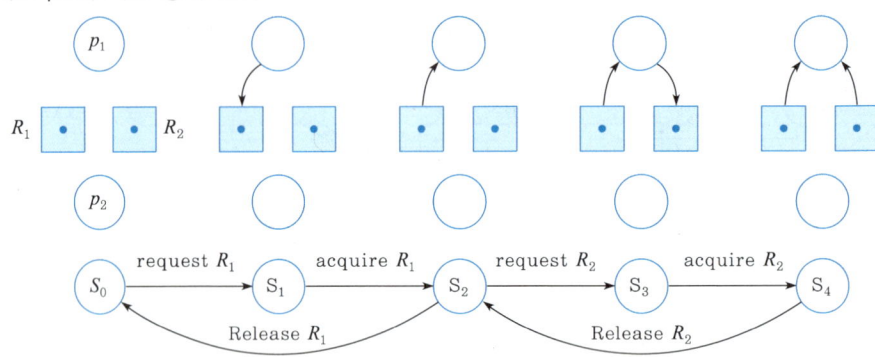

② p1과 p2에 의한 상태 전이

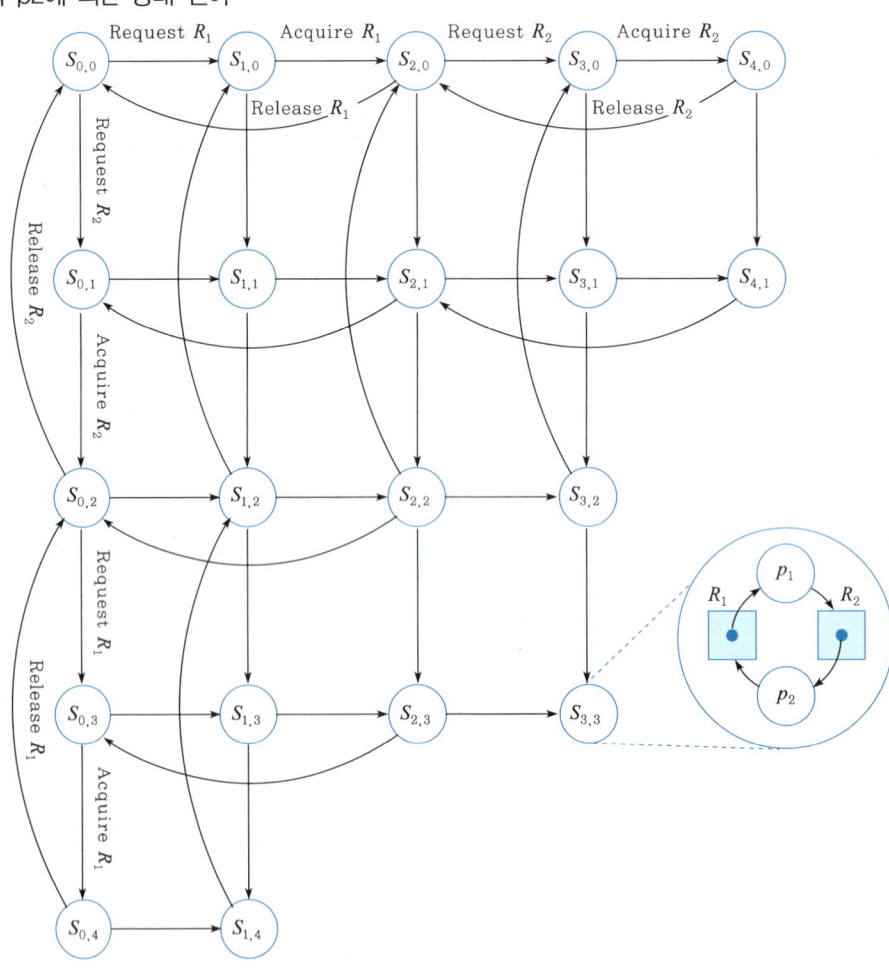

문제 13

두 프로세스 p1과 p2는 모두 두 개의 단일 유닛 자원 R1, R2를 필요로 한다. 프로세스들은 다음과 같은 순서로 반복적으로 실행된다.

```
p1:                          p2:
while(1) {                   while(1) {
    request R1;                  request R2;
    request R2;                  request R1;
    release R1;                  release R2;
    release R2;                  release R1;
        ...                          ...
}                            }
```

각 시스템 상태 $S_{i,j}$는 p1의 상태 i와 p2의 상태 j를 나타낸다. 그리고, 두 프로세스들이 R2 이전에 R1를 요청한다. 어떤 상태에서 p1이 블록되거나 교착상태가 되며, 어떤 상태에서 p2가 블록되거나 교착상태가 되는지를 쓰시오.

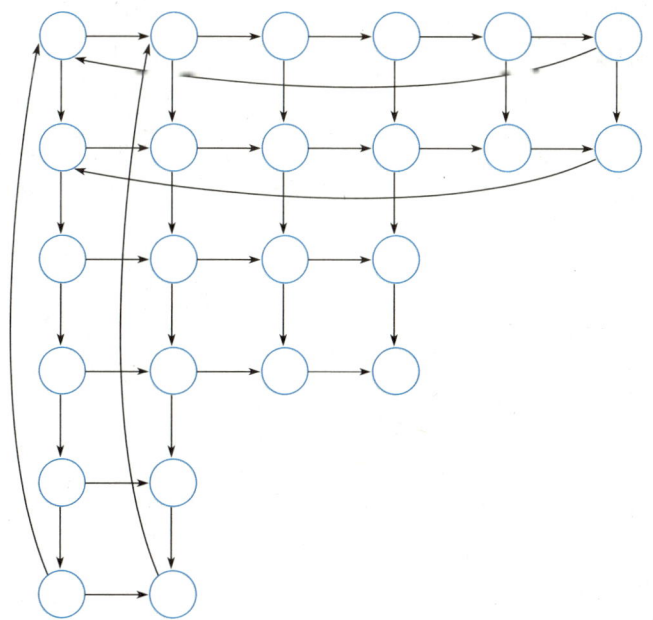

- p1 : _____

- p2 : _____

2 교착상태(Deadlock)

문제 14

다음 〈그림〉과 같은 상태-전이 다이어그램은 세 프로세스와 두 단위 자원을 가진 한 종류의 자원이 있는 시스템이다. 이 다이어그램에서 교착상태가 발생하는 상태를 모두 찾아 나열하시오.

그림

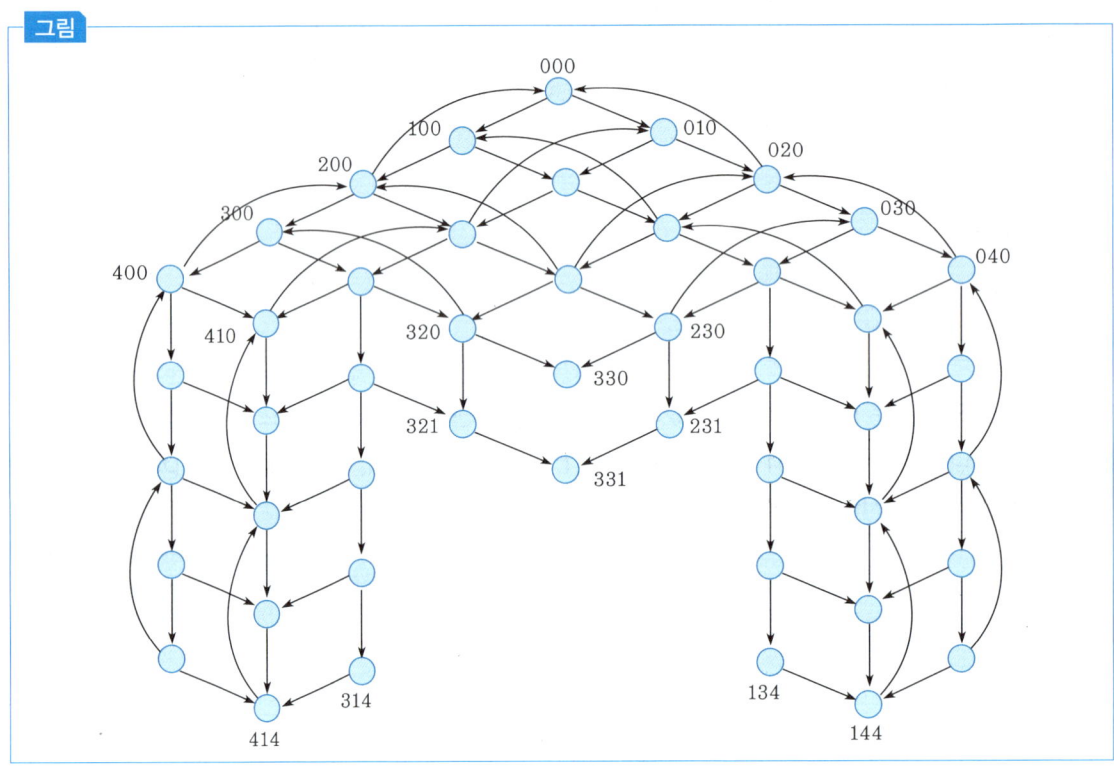

2 교착상태 예방(Prevention)

① 상호배제 조건의 제거

여러 개의 프로세스가 공유 불가능한 전용 자원인 경우에 발생하며, 읽기 전용파일처럼 공유할 수 있는 자원에서는 발생하지 않는다.

② 점유와 대기 조건의 제거

㉠ 프로세스가 수행되기 전에 필요한 모든 자원을 할당시켜 주는 방법이다.

㉡ 자원을 점유하지 않을 때만 자원을 요구하도록 하는 방법이다.

③ 비선점 조건의 제거

㉠ 어떤 자원을 점유하고 있는 프로세스가 또 다른 자원을 할당받기를 요청하였고, 만일 시스템에 이 자원이 가용하지 않을 경우, 운영체제가 강제로 이 프로세스가 점유했던 자원을 선점하는 것이다.

㉡ 어떤 프로세스가 가용하지 않은 자원을 요청하였을 때에 운영체제가 다른 대기중인 프로세스들이 그 자원을 점유하고 있는지 조사한 후, 만약 요청한 자원이 있다면 이를 선점하여 요청했던 프로세스에게 돌려주는 방법이다.

④ 환형 대기 조건의 제거

어떤 프로세스가 특정 형태의 자원들을 할당받고 있다면 다음에 요구할 수 있는 자원은 현재 할당받고 있는 자원 형태의 순서번호 이후의 자원이 되도록 한다.

3 교착상태 회피(Avoidance)

(1) 은행가 알고리즘

> 1. Work와 Finish를 각각 길이가 m과 n인 벡터라고 하자. Work :=Available 그리고 Finish[i] := false, i = 1, 2, ……n이 되도록 초기화한다.
> 2. 다음과 같이 되는 i값을 찾는다.
>   a. Finish[i] := false
>   b. Need$_i$ ≤ Work
>   이러한 i값이 없으면 4단계로 간다.
> 3. Work := Work + Allocation
>   Finish[i] := true
>   2단계로 간다.
> 4. 모든 i에 대해 Finish[i] := true이면 시스템은 안정 상태이다.

문제 15

네 가지 종류의 자원을 가진 시스템에서, C = ⟨6, 4, 4, 2⟩이고, 최대 요구량과 현재 할당 테이블이 다음과 같을 때, Need와 Available을 구하고 안전 순서열을 쓰시오.

프로세스 \ 상태	MAX				ALLOC			
	A	B	C	D	A	B	C	D
P_0	3	2	1	1	2	0	1	0
P_1	1	2	0	2	1	1	0	0
P_2	1	1	2	0	1	1	0	0
P_3	3	2	1	0	1	0	1	0
P_4	2	1	0	1	0	1	0	1

기출 2016-06 〈조건〉의 프로세스와 자원 현황을 대상으로 '은행원 알고리즘'을 적용하고자 한다. 〈작성 방법〉에 따라 기술하시오. [4점]

조건

○ 프로세스 P0, P1, P2, P3, P4에 대한 자원 A, B, C의 현재 할당량과 수행에 필요한 최대 요구량은 다음과 같다.

	현재 할당량 (Allocation)			최대 요구량 (Max)			추가 요구량 (Need)		
	A	B	C	A	B	C	A	B	C
P_0	0	1	1	1	2	2			
P_1	1	0	1	1	0	3			
P_2	0	2	0	1	5	0			
P_3	0	1	0	2	1	1			
P_4	0	1	0	1	6	0			

○ '은행원 알고리즘'을 채택한 시스템은 교착상태를 회피하기 위해, 새로운 자원 요청에 대하여 시스템이 안전 상태를 유지할 수 있는 경우에만 자원을 할당한다.

작성 방법

(1) 〈조건〉의 표와 같은 상황에서 각 프로세스가 수행을 완료하기 위해 필요한 각 자원의 추가 요구량을 쓴다.
(2) 자원 (A, B, C)의 잔여량(Available)이 (1, 1, 1)일 때 안전상태인지의 여부를 쓴다. 안전상태라면 모든 작업이 완료될 수 있는 안전순서를 쓴다. 그렇지 않다면 상태가 불안전한 이유를 쓴다.

정답

(1)

	A	B	C
P_0	1	1	1
P_1	0	0	2
P_2	1	3	0
P_3	2	0	1
P_4	1	5	0

(2) 안전순서열 : {P_0, P_1, P_3, P_2, P_4}

각 2점

교착상태(Deadlock)

(2) **자원 요청 알고리즘**

1. Request$_i$ ≤ Need$_i$라면 2단계로 간다. 그렇지 않으면, 프로세스가 최대 요구값을 초과하기 때문에 오류 상태로 된다.
2. Request$_i$ ≤ Available이면 3단계로 간다. 그렇지 않으면, 자원이 부족하기 때문에 P$_i$는 대기한다.
3. 시스템은 상태를 다음과 같이 수정해 요청된 자원을 P$_i$에게 할당한다.
   Available := Available − Request ;
   Allocation$_i$:= Allocation$_i$ + Request$_i$;
   Need$_i$:= Need$_i$ − Request$_i$;

문제 16

시스템에 세 가지 종류의 자원 A, B, C가 존재하고 각 자원에 단위 자원이 10개, 5개, 7개씩 존재한다. 또한, 5개의 프로세스 P$_0$, P$_1$, P$_2$, P$_3$, P$_4$가 존재한다. 위의 〈자원 요청 알고리즘〉을 보고 괄호 안에 들어갈 내용을 쓰시오.

프로세스	Allocation			Max			Need			Available		
	A	B	C	A	B	C	A	B	C	A	B	C
P$_0$	0	1	0	7	5	3	7	4	3			
P$_1$	2	0	0	3	2	2	1	2	2			
P$_2$	3	0	2	9	0	2	6	0	0			
P$_3$	2	1	1	2	2	2	0	1	1			
P$_4$	0	0	2	4	3	3	4	3	1			

- A, B, C의 가용자원은 (   )이다.
- 프로세스 P$_1$가 (1,0,2) 만큼의 자원을 추가로 요청할 경우 (   )한다.
- 프로세스 P$_0$가 (0,3,0) 만큼의 자원을 추가로 요청할 경우 (   )이다.
- 프로세스 P$_4$가 (4,3,0) 만큼의 자원을 추가로 요청할 경우 (   )이다.
- 프로세스 P$_3$가 (0,2,1) 만큼의 자원을 추가로 요청할 경우 (   )이다.

4 교착상태의 탐지(Detection)

(1) 각 자원 형태마다 자원이 한 개씩 있는 경우
 - 대기 그래프가 순환(cycle)을 포함하는 경우에만 교착상태가 존재한다.

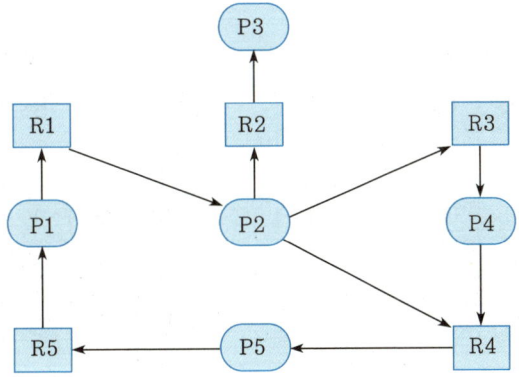

(2) 자원 형태마다 여러 개의 자원이 있는 경우
 - 탐지 알고리즘을 이용하여 교착상태 여부를 판별할 수 있다.

> 1. Work와 Finish를 각각 길이가 m과 n인 벡터라고 하자. Work := Available로 초기화한다.
>   i = 1, 2, …, n인 경우에 Allocationi ≠ 0이면,
>   Finish[i] := false이고 그렇지 않으면 Finish[i] := true로 한다.
> 2. 다음과 같은 색인 i를 찾는다.
>   a. Finish[i] := false
>   b. Requesti ≤ Work
>   만약 여기에 맞는 i가 없으면 4단계로 간다.
> 3. Work := Work + Allocationi
>   Finish[i] := true
>   2단계로 간다.
> 4. Finish[i] := false라면, 1 ≤ i ≤ n인 범위에서, 시스템은 교착상태에 있다.
>   Finish[i] := false라면, 프로세스 Pi는 교착상태에 있다.

2 교착상태(Deadlock)

문제 17

4개의 프로세스(P_1, P_2, P_3, P_4)와 5개의 자원(R_1, R_2, R_3, R_4, R_5)을 갖고 있는 시스템을 가정하고, 다음과 같은 행렬과 벡터가 주어진다. 탐지 알고리즘을 사용했을 때 다음 물음에 답하시오.

〈요구행렬〉

	R_1	R_2	R_3	R_4	R_5
P_1	0	1	0	0	1
P_2	0	0	1	0	1
P_3	0	0	0	0	1
P_4	1	0	1	0	1

〈할당행렬〉

	R_1	R_2	R_3	R_4	R_5
P_1	1	0	1	1	0
P_2	1	1	0	0	0
P_3	0	0	0	1	0
P_4	0	0	0	0	0

〈자원벡터〉

R_1	R_2	R_3	R_4	R_5
2	1	1	2	1

〈가용벡터〉

R_1	R_2	R_3	R_4	R_5
0	0	0	0	1

(1) 위의 상태가 교착상태이면 교착상태인 프로세스를 쓰고, 아니면 안전 순서열을 쓰시오.

(2) 요구행렬이 다음과 같을 때 교착상태이면 교착상태인 프로세스를 쓰고, 아니면 안전 순서열을 쓰시오.

〈요구행렬〉

	R_1	R_2	R_3	R_4	R_5
P_1	0	1	0	0	1
P_2	0	0	0	1	1
P_3	0	0	0	0	1
P_4	1	0	1	0	1

5 교착상태의 회복(Recovery)

① 프로세스의 종료
　㉠ 모든 교착상태 프로세스들을 종료시킨다.
　㉡ 교착상태 사이클이 제거될 때까지 하나씩 프로세스를 종료시킨다.
② 자원의 선점(Resource Preemption)
　㉠ 희생자(Victim) 선택 : 교착상태에 놓인 프로세스들을 회복시키기 위하여 어느 프로세스를 희생시킬 것인가를 최소 비용에 기준해서 결정해야 한다. 최소 비용에 기준해서 결정하는 요인은 다음과 같다.
　　ⓐ 프로세스들의 우선순위
　　ⓑ 지금까지 프로세스가 수행된 시간과 종료하는데 필요한 시간
　　ⓒ 프로세스가 사용한 자원 유형과 자원의 수
　　ⓓ 프로세스 종료를 위해 더 필요한 자원의 수
　　ⓔ 프로세스가 대화식 처리 또는 일괄 처리인지 여부
　㉡ 복귀(Rollback) : 프로세스로부터 자원을 선점하면 어떤 필요한 자원을 잃어버린다. 그리고 그 프로세스를 안전한 상태로 되돌려 놓아야 하며, 그 상태로부터 재시작 해야한다
　㉢ 기아상태(Starvation) : 희생자 선택에서 주로 비용 요소에 기초하기 때문에 기아상태가 발생할 수 있는데 이러한 문제의 해결책은 비용 요소에 복귀(rollback) 횟수를 포함시킨다.

SECTION 3. 프로세스 동기화

1 프로세스의 생성

(1) 프로세스 흐름 그래프
　① 순차적 수행 : S(p_1, p_2, p_3, ……………, p_n)
　② 병렬적 수행 : P(p_1, p_2, p_3, ……………, p_n)

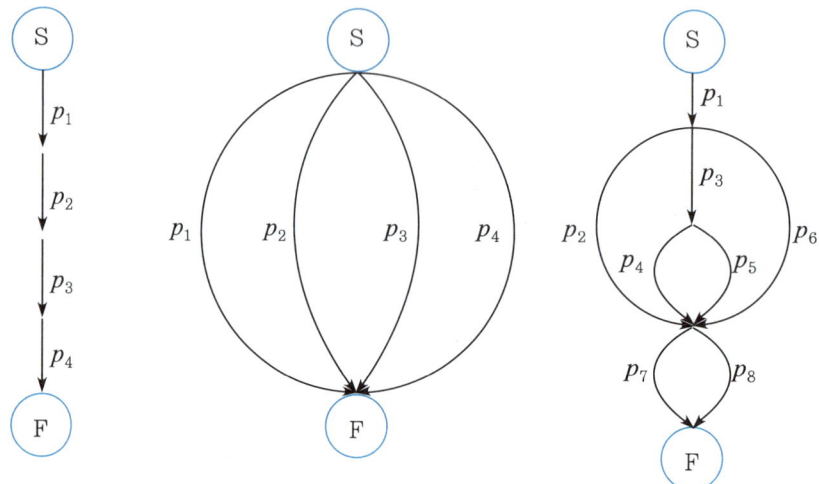

　　　(a) Serial　　　　　　(b) Parallel　　　　　(c) Series/parallel

(a) _____

(b) _____

(c) _____

문제 18

다음 수식을 위한 프로세스 흐름 그래프를 그리시오.

S(p1, P(p2, S(P(S(p3, p4), p5), P(p6, p7))))	S(P(S(p1, P(p2, p3)), p4), p5)

3 프로세스 동기화

(2) 암시적 프로세스 생성 : cobegin // coend 문장

흐름 그래프	cobegin // coend 문장
(그림: A → B,C,D; B,C → E; C,D → F; D → G; E,F,G → H)	

(3) 명시적 프로세스 생성 : fork / join / quit 문장

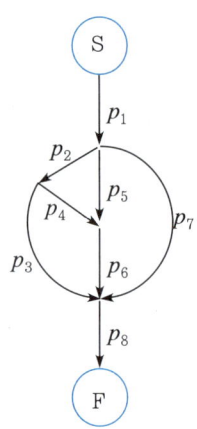

```
        t1 = 2;
        t2 = 3;
        p1; fork L2; fork L5; fork L7; quit;
L2 : p2; fork L3; fork L4; quit;
L5 : p5; join t1,L6; quit;
L7 : p7; join t2,L8; quit;
L4 : p4; join t1,L6; quit;
L3 : p3; join t2,L8; quit;
L6 : p6; join t2,L8; quit;
L8 : p8; quit;
```

문제 19

다음 프로그램을 cobegin / coend 문장을 사용하는 것으로 바꾸고자 한다. 최대한 병렬성을 살려서 표현한 문장을 기술하시오.

```
W = X1 * X2 ;
V = X3 * X4 ;
Y = V * X5 ;
Z = V * X6 ;
Y = W * Y ;
Z = W * Z ;
A = Y + Z ;
```

문제 20

2차 방정식 $x = (-b + \sqrt{b^2 - 4*a*c}\ ) / (2 * a)$을 최대의 병행성(concurrency)을 살려서 parbegin/parend를 사용하여 밑줄 친 부분의 ㉠~㉣를 작성하여 순서대로 쓰시오.

```
parbegin
    ㉠ _____
    ㉡ _____
    ㉢ _____
    ㉣ _____
parend
    t5 := t3 * c;
    t5 := t2 - t5;
    t5 := t5 ** 0.5;
    t5 := t1 + t5;
    x  := t5 / t4;
```

2 프로세스 동기화

(1) **임계구역**(critical section)
   ① 3가지 조건
      ㉠ 상호배제(mutual exclusion) : 어떤 프로세스가 임계구역에서 실행 중이면, 다른 프로세스는 임계구역에서 실행될 수 없다.
      ㉡ 진행(progress) : 임계구역에서 실행 중인 프로세스가 하나도 없고 임계구역에 들어가기를 원하는 프로세스들이 존재하면, 이 임계구역에 들어가기를 원하는 프로세스만이 어떤 프로세스가 임계구역으로 진입할지에 대한 결정에 참여할 수 있다.
      ㉢ 제한대기(bounded waiting) : 어떤 프로세스가 임계구역에 진입 요청을 하고 나서 진입이 허용될 때까지, 다른 프로세스들에게 허용되는 횟수에 제한이 있어야 한다.

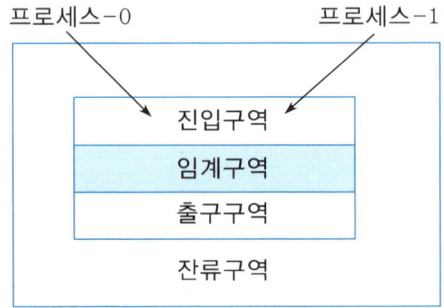

기출 2017 - 07 다음 설명의 ㉠, ㉡에 해당하는 명칭을 순서대로 쓰시오. [2점]

> 프로세스 코드에서 시스템의 공유 자원에 접근하는 부분을 (㉠)(이)라고 한다. 다수의 프로세스가 실행될 때 2개 이상의 프로세스가 동시에 (㉠)에 들어가면 공유 자원 사용에 문제가 발생된다.
> (㉠)에서 자원의 공유 문제를 해결하기 위해서는 (㉡), 진행(progress), 제한된 대기(bounded waiting)의 3가지 조건을 모두 만족해야 한다. 이들 중 (㉡) 조건은 동시에 2개 이상의 프로세스가 (㉠) 안에 있을 수 없다는 것을 의미한다.

정답	㉠ 임계구역 ㉡ 상호배제	각 1점

② 2개 프로세스를 위한 해결법
  ㉠ 알고리즘-1

```
program algorithm1 ;
  var turn : 0..1 ;
  procedure P0 ;
    begin
     repeat
        while turn≠0 do skip ;   〈진입 코드〉
        critical section
        turn = 1 ;               〈출구 코드〉
        ...
        remainder section
     until false
    end ;


  procedure P1 ;
    begin
     repeat
        while turn≠1 do skip ;   〈진입 코드〉
        critical section
        turn = 0 ;               〈출구 코드〉
        ...
        remainder section
    end ;

  begin
    turn = i (0 or 1) ;
    parbegin
       P0 ;
       P1 ;
    parend
  end .
```

∴ 위반하는 조건 : _____

③ 프로세스 동기화

ⓛ 알고리즘-2

```
program algorithm2 ;
   var flag : array[0..1] of boolean ;
   procedure P0 ;
     begin
       repeat
         while flag[1] do skip ;     〈진입 코드〉
         flag[0] = true ;
         critical section
         flag[0] = false ;           〈출구 코드〉
         …
         remainder section
       until false
     end ;

   procedure P1 ;
    begin
     repeat
         while flag[0] do skip ;     〈진입 코드〉
         flag[1] = true ;
         critical section
         flag[1] = false ;           〈출구 코드〉
         …
         remainder section
       until false
     end ;

   begin
     flag[0] = false ;
     flag[1] = false ;
     parbegin
        P0 ;   P1 ;
     parend
   end .
```

t0 : _____

t1 : _____

t2 : _____

t3 : _____

∴ 위반하는 조건 : _____

ⓒ 알고리즘-3

```
program algorithm3 ;
  var flag : array[0..1] of boolean ;
  procedure P0 ;
    begin
     repeat
        flag[0] = true ;          〈진입 코드〉
        while flag[1] do skip ;
        critical section
        flag[0] = false ;         〈출구 코드〉
        …
        remainder section
      until false
    end ;


  procedure P1 ;
   begin
        flag[1] = true ;          〈진입 코드〉
        while flag[0] do skip ;
        critical section
        flag[1] = false ;         〈출구 코드〉
        …
        remainder section
      until false
    end ;

    begin
      flag[0] = false ;
      flag[1] = false ;
      parbegin
        P0 ;
        P1 ;
      parend
    end .
```

t0 : _____

t1 : _____

∴ 위반하는 조건 : _____

ⓔ 알고리즘-4(Peterson)

```
program algorithm4 ;
var flag : array[0..1] of boolean ;
    turn : 0..1 ;
  procedure P0 ;
    begin
      repeat
        flag[0] = true ;             〈진입 코드〉
        turn = 1 ;
        while (flag[1] and turn=1) do skip ;
        critical section
        flag[0] = false ;            〈출구 코드〉
        ...
        remainder section
      until false
    end ;

  procedure P1 ;
    begin
      repeat
        flag[1] = true ;             〈진입 코드〉
        turn = 0 ;
        while (flag[0] and turn=0) do skip ;
        critical section
        flag[1] = false ;            〈출구 코드〉
        ...
        remainder section
      until false
    end ;

  begin
    turn = i (0 or 1) ;
    parbegin
      P0 ;
      P1 ;
    parend
  end .
```

③ N개 프로세스를 위한 해결법(Lamport의 제과점 알고리즘)

```
procedure Pi ;
var option : array[0..n-1] of boolean ;
    number : array[0..n-1] of integer ;
repeat
    option[i] := true ;
    number[i] := max(number[0], number[1], …, number[n-1])+1 ;
    (가) option[i] := false ;
    for j := 0 to n-1
       begin
       (나)  while option[j] do skip ;
       (다)  while number[j]≠0 and (number[j], j) < (number[i], i)
                  do  skip ;
       end
    critical section
    number[i] := 0 ;
    …
    remainder section
until false ;
```

㉠ (가) 문장을 제거하면 (나)에서 무한루프가 발생하게 된다.
㉡ (다)의 밑줄 명령어 대신에 number[j]≠0 and number[j] < number[i]로 바꾸면 상호배제를 위반한다.
㉢ (다)의 밑줄 명령어 대신에 (number[j],j) < (number[i], i)로 바꾸면 진행을 위반한다.
㉣ P_3과 P_7이 동시에 번호표을 부여받게 되면 P_3이 먼저 임계구역에 진입한다.

④ 하드웨어를 이용한 해결법
  ㉠ Test-and-Set 명령어

```
program Test-and-Set
 var active : boolean ;        〈공용변수〉
procedure Pi ;
 var mylock : boolean ;        〈지역변수〉
begin
  repeat
    mylock :=true ;
    while mylock :=true do
        Test-and-Set(mylock, active) ;
    critical section
    active := false ;
    …
    remainder section
  until false
end ;
```

  ㉡ Burns의 알고리즘

```
Program burns
 var waiting : array[0..n-1]of boolean ;   〈공용변수〉
       lock : boolean ;                     〈공용변수〉
procedure Pi
   var key : boolean ;        〈지역변수〉
       i, j   : 0..n-1 ;      〈다른 프로세스의 waiting 검사용〉
begin
  repeat
    waiting[i] := true ;
    key := true ;
    while ( waiting[i] and key ) do Test-and_Set(key, lock) ;
    waiting[i] := false ;
    critical section
    j := i + 1 mod n ;
    while ((j != i) and (not waiting[j])) do j = j+1 mod n ;
    if j=i then  lock = false ;
           else  waiting[j] = false ;
    remainder section
  until false ;
end .
```

문제 21

다음은 Test-and-Set 명령을 사용한 N개 프로세스 간의 임계구역 문제를 해결하는 Burns 알고리즘이다. 〈작업 방법〉에 따라 기술하시오. (단, 프로세스들이 진입구역에 p4, p2, p1, p8, p6순으로 도착한다고 가정한다)

알고리즘

```
Program burns
 var waiting : array[0..n-1]of boolean ;    <공용변수>
    lock : boolean ;                        <공용변수>
procedure Pi
  var key : boolean ;                       <지역변수>
      i, j  : 0..9 ;
begin
  repeat
    waiting[i] := true ;
    key := true ;
    while ( waiting[i] and key) do Test-and_Set(key, lock) ;
    waiting[i] := false ;
       critical section
    j := (i + 1) % n ;
    while (j != i) and (not waiting[j]) do j = (j+1) % n ;
    if j==i then  lock = false ;
         else (     ㉠     ) ;
       remainder section
  until false ;
end .
```

작성 방법

(1) p4가 임계구역에서 빠져나오면 어떤 프로세스가 임계구역에 진입하는지를 쓴다.
(2) 프로세스들이 임계구역에 진입하는 순서를 나열한다.
(3) 위 알고리즘의 ㉠에 들어갈 명령어를 쓴다.
(4) 위 알고리즘의 문제점을 한가지만 기술한다.

(2) 세마포어(Semaphore)

① p(wait)와 v(signal) 연산

> - p(S) : while S≤0 do no-op ;
> $\qquad$ S := S - 1 ;
> - v(S) : S := S + 1 ;

② 바쁜 대기(busy waiting) 해결

> type semaphore = record
> $\qquad$ value : integer ;
> $\qquad$ L : list of process ;
> $\qquad$ end ;
>
> - wait(S) : S.value := S.value - 1 ;
> $\qquad$ if S.value < 0
> $\qquad\qquad$ then begin
> $\qquad\qquad\qquad$ add this process to S.L ;
> $\qquad\qquad\qquad$ block ;
> $\qquad\qquad$ end ;
>
> - signal(S) : S.value := S.value + 1 ;
> $\qquad$ if S.value ≤ 0
> $\qquad\qquad$ then begin
> $\qquad\qquad\qquad$ remove a process P from S.L ;
> $\qquad\qquad\qquad$ wakeup(P) ;
> $\qquad\qquad$ end ;

문제 22

P, V 세마포어 알고리즘을 이용하여 프로세스 P_0와 P_7이 동시에(concurrent) 임계 영역을 진입하려고 한다. 이때, 프로세스 번호가 작은 순으로 P 조작을 수행하게 한다. 그리고 P_0와 P_7이 P 조작을 수행한 후에 새로운 프로세스 P_3가 임계 영역을 진입하려고 도착하였다. P_3이 도착할 때 P_0이 임계 영역에서 수행 중이다. 세마포어 변수 S의 변화를 쓰고, 그리고 대기 큐의 삽입 순서를 쓰시오. (단, 초기값 S = 1)

알고리즘

```
P(S) : begin
         S := S - 1 ;
         if S < 0 then
            begin
              [호출한 프로세스를 대기큐에 넣는다] ;
              block ;
            end ;
      end ;
V(S) : begin
         S := S + 1 ;
         if S <= 0 then
            begin
              [대기큐로부터 프로세스를 제거한다] ;
              wakeup ;
            end ;
      end ;
```

③ 생산자-소비자 문제

```c
#define N 10
typedef int semaphore ;
semaphore mutex = 1;
semaphore empty = N ;
semaphore full = 0 ;

void procedure(void)
  {
      int item ;

      while(TRUE)
       {
          item = produce_item() ;
          p(&empty) ;
          p(&mutex) ;
          insert_item(item) ;
          v(&mutex) ;
          v(&full) ;
       }
  }

void consumer(void)
  {
      int item ;

      while(TRUE)
       {
          p(&full) ;
          p(&mutex) ;
          item = remove_item() ;
          v(&mutex) ;
          v(&empty) ;
          consume_item(item) ;
       }
  }
```

문제 23

아래의 생산자와 소비자 알고리즘을 이용하여 공유 버퍼의 크기가 2인 생산자 프로세스(Pp)와 소비자 프로세스(Cp)간의 동기화 문제에서 〈조건〉처럼 실행이 발생했을 때 아래 〈작성 방법〉에 따라 기술하시오.

알고리즘
```
program producer_consumer;    /* 생산자 프로세스 */
var S1, S2 : semaphore;
procedure producer;
  begin
    [정보생산];
    p(S1);
    [생산한 정보를 유한 버퍼에 넣는다];
    v(S2);
  end;
procedure consumer;    /* 소비자 프로세스 */
  begin
    p(S2);
    [유한 버퍼에서 정보 하나를 가져온다];
    v(S1);
    [정보 소비];
  end;
```

조건
○ 생산자 프로세스(Pp)와 소비자 프로세스(Cp)의 실행 순서는 다음과 같다.

$$Pp(a) \rightarrow Cp(\ ) \rightarrow Pp(b) \rightarrow Pp(c) \rightarrow Pp(d) \rightarrow Cp(\ ) \rightarrow Cp(\ )$$

○ 세마포어 변수 초기값 S1(empty item의 수) = 2, S2(full item의 수) = 0이다.
○ 생산자 프로세스와 소비자 프로세스가 동시에 병렬 수행되어야 하는 경우에는 생산자 프로세스를 먼저 실행시킨다.

작성 방법
(1) 세마포어 변수인 S1 변수의 변화 순서를 쓴다.
(2) 세마포어 변수인 S2 변수의 변화 순서를 쓴다.
(3) 7개의 프로세스가 작업을 완료할 때까지의 대기 큐의 삽입 순서를 쓴다.

④ 판독자-기록자 문제

```
program reader_writer;
var readcount : integer;
var mutex, wrt : semaphore;
procedure reader;
begin
  p(mutex) ;
    readcount := readcount + 1 ;
    if readcount =1 then p(wrt) ;
  v(mutex);
    [데이터 읽음] ;
  p(mutex) ;
    readcount := readcount-1 ;
    if readcount = 0 then v(wrt) ;
  v(mutex);
end;

procedure writer;
begin
 p(wrt) ;
   [데이터 기록] ;
 v(wrt) ;
end;
```

문제 24

다음과 같은 판독자/기록자 알고리즘에서 W_1이 쓰기 동안에 R_1, W_2, R_2, W_3, R_3 순으로 요구가 들어온다고 할 때 〈작성 방법〉에 따라 기술하시오. (단, W_1, W_2, W_3은 기록자 프로세스이고 R_1, R_2, R_3은 판독자 프로세스이다)

알고리즘

```
program reader_writer;
var readcount : integer;
var mutex, wrt : semaphore;
procedure reader;
begin
  ㉠ p(mutex) ;
    readcount := readcount + 1 ;
    if readcount =1 then ㉡ p(wrt) ;
  v(mutex);
  [ 데이터 읽음 ] ;
  p(mutex) ;
    readcount := readcount-1 ;
    if readcount = 0 then v(wrt) ;
  v(mutex);
end;

procedure writer;
begin
  ㉢ p(wrt) ;
  [ 데이터 기록 ] ;
  v(wrt) ;
end;
```

작성 방법

(1) 알고리즘의 ㉠에서 대기하는 프로세스를 쓴다.
(2) 알고리즘의 ㉡에서 대기하는 프로세스를 쓴다.
(3) 알고리즘의 ㉢에서 대기하는 프로세스를 쓴다.

SECTION 3 프로세스 동기화

기출 2018 다음 의사코드는 작업이 병행 실행될 때 발생할 수 있는 경쟁 상황(race condition)의 예이다. 병행 작업 A, B에 의해 공유되는 데이터의 값은 실행 순서에 따라 달라질 수 있다. 〈조건〉을 고려하여 〈작성 방법〉에 따라 서술하시오. [4점]

```
작업 A {
    int a; /* 지역 변수 */

    for(3회 반복) {
        a = count;
        a = a * 2;
        count = a;
    }
}
```

```
작업 B {
    int b; /* 지역 변수 */

    for(3회 반복) {
        b = count;
        b = b + 1;
        count = b;
    }
}
```

조건
- 정수 count는 작업 A와 작업 B가 공유한다.
- 공유 변수 count의 초깃값은 0이다.

작성 방법
(1) 작업 A와 작업 B가 병행 실행될 때, 공유 변수 count가 가질 수 있는 가장 큰 값과 가장 작은 값을 순서대로 쓸 것.
(2) (1)의 각각의 값에 대하여, 명령들이 어떤 순서로 실행될 때 그 값을 가지게 되는지 쓸 것.

| 정답 | (1) 가장 큰 값 : 3, 가장 작은 값 : 0
(2) 가장 큰 값 : A → B, 가장 작은 값 : B → A | 2점
2점 |

> 해설

(1) 가장 작은 값 : 0 (B → A)

횟수	작업 A		count	작업 B	
1	판독 (동시수행)	a=count = 0	0	b=count = 0	판독 (동시수행)
		a=a*2 = 0		b=b+1 = 1	
	기록 (상호배제)		1	count = b	기록 (상호배제)
		count = a	0		
2	판독 (동시수행)	a=count = 0	0	b=count = 0	판독 (동시수행)
		a=a*2 = 0		b=b+1 = 1	
	기록 (상호배제)		1	count = b	기록 (상호배제)
		count = a	0		
3	판독 (동시수행)	a=count = 0	0	b=count = 0	판독 (동시수행)
		a=a*2 = 0		b=b+1 = 1	
	기록 (상호배제)		1	count = b	기록 (상호배제)
		count = a	0		

(2) 가장 큰 값 : 3 (A → B)

횟수	작업 A		count	작업 B	
1	판독 (동시수행)	a=count = 0	0	b=count = 0	판독 (동시수행)
		a=a*2 = 0		b=b+1 = 1	
	기록 (상호배제)	count = a	0		기록 (상호배제)
			1	count = b	
2	판독 (동시수행)	a=count = 1	1	b=count = 1	판독 (동시수행)
		a=a*2 = 2		b=b+1 = 2	
	기록 (상호배제)	count = a	2		기록 (상호배제)
			2	count = b	
3	판독 (동시수행)	a=count = 2	2	b=count = 2	판독 (동시수행)
		a=a*2 = 4		b=b+1 = 3	
	기록 (상호배제)	count = a	4		기록 (상호배제)
			3	count = b	

(3) 모니터(monitor)

① 모니터의 개념

㉠ 모니터는 Hoare와 Hansen이 제안한 고급 동기화 기법중의 하나이다.

㉡ 모니터는 상호배제를 실현하는 데 효율적인 중요한 특성을 갖고 있다.

㉢ 모니터 구조체는 한 순간에 하나의 프로세스만 모니터 안에서 활동하도록 보장한다.

㉣ condition c

조건 변수에서 호출될 수 있는 연산은 wait와 signal뿐이다. 이 변수는 어떤 값을 저장하기 위한 것이 아니며 동기를 맞추기 위하여 만들어졌다.

㉤ c.wait

호출하는 프로세스는 다른 프로세스가 다음 연산을 호출할 때까지 중단된다. 중단된 프로세스는 조건 변수 c에서 대기한다

㉥ c.signal

중단된 프로세스만 재개한다. 중단 프로세스가 없다면 signal연산은 아무런 변화를 일으키지 않는다. signal해 준 프로세스가 이미 모니터 내부에 있다면 상호배제를 위반하기 때문에 signal해 주는 프로세스는 next큐에 다시 대기해야 한다.

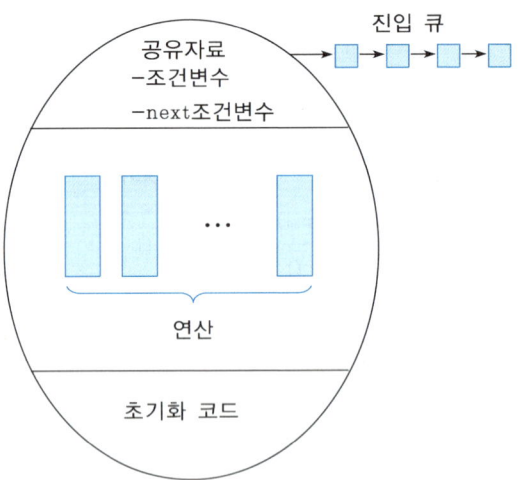

㉦ next큐는 모니터에 들어올 조건이 되지만 다른 프로세스가 모니터 내부에 있어서 잠시 대기하는 큐이다. 따라서 모니터 내에서 실행중인 프로세스가 나가면 가장 먼저 next큐에 있는 프로세스가 하나 들어온다.

문제 25

다음의 〈조건〉과 〈모니터 의사코드〉를 보고 모든 명령어가 끝난 후의 x와 y값을 구하고, c.wait과 next 큐에 대기하는 프로세스를 쓰시오.

조건

(가) 모니터가 초기화된 후에 함수 A와 B가 여러 프로세스들에 의해 다음 순서로 호출된다고 가정한다.

m.A(1); m.A(2); m.B(3); m.B(4); m.B(5); m.B(6); m.A(7); m.A(8);

(나) c.signal : 중단 프로세스가 없다면 signal연산은 아무런 변화를 일으키지 않는다. signal해 준 프로세스가 이미 모니터 내부에 있다면 상호배제를 위반하기 때문에 signal해 주는 프로세스는 next큐에 다시 대기해야 한다.

코드

```
monitor m(no) {
  int x = 10, y = 2 ;
  condition c ;
    A() {
(1)      x += 1 ;
(2)      c.signal ;
(3)      y = x - 2 ;
    }

    B() {
(4)      if( x > 10 )
(5)        x-- ;
(6)      else {
           c.wait ;
(7)        x--; }
    }
}
```

② 모니터 알고리즘
　㉠ 생산자-소비자의 모니터 해결법

알고리즘

```
monitor ProducerConsumer
     condition full, empty;
     integer count;

     procedure insert(item;integer);
     begin
             if count = N then full.wait;
             insert_item(item);
             count;=count+1;
             if count = 1 then empty.signal ;
     end ;

     function remover;integer;
     begin
             if count = 0 then empty.wait;
             remove = remove_item;
             count := count-1;
             if count = N-1 then full.signal ;
     end;
     count := 0;
end monitor;

procedure producer;
  begin
     while true do
     begin
             item = procedure_item;
             ProcedureConsumer.insert(item)
     end
  end;

procedure consumer;
  begin
     while true do
     begin
             item = ProducerConsumer.remove;
             consume_item(item)
     end
  end;
```

ⓒ 판독자-기록자의 모니터 해결법
  ⓐ 새로운 읽기는 쓰기가 기다리고 있다면 다른 읽기가 실행되고 있는 도중이라도 허가 되지 않는다.
  ⓑ 쓰기 연산이 끝나기를 기다리고 있는 모든 읽기는 다음 쓰기보다 우선권을 갖는다.

알고리즘

```
monitor readers/writers {
  int read_cnt = 0, writing = 0 ;
  condition Ok_to_read, OK_to_write ;
  start_read() {
    if( writing || !empty(OK_to_write) ) OK_to_read.wait ;
    read_cnt = read_cnt+1 ;
    OK_to_read.signal ;
  }

  end_read() {
    read_cnt = read_cnt - 1 ;
    if( read_cnt == 0 ) OK_to_write.signal ;
  }

  start_write() {
    if( (read_cnt != 0 || writing ) OK_to_write.wait ;
    writing = 1 ;
  }

  end_write() {
    writing = 0 ;
    if( !empty(OK_to_read )  OK_to_read.signal ;
    else  OK_to_write.signal ;
  }
```

프로세스 동기화

문제 26

다음의 판독자와 기록자 문제를 고려해 보자. 첫 번째 요청을 읽기 R_1이라고 가정한다. R_1이 읽는 동안, 다음 요청은 다음과 같은 순서로 들어온다고 가정한다. 이러한 요청은 어떤 순서로 처리되는지를 쓰시오.

$$W_1, \quad W_2, \quad R_2, \quad R_3, \quad W_3, \quad R_4, \quad R_5, \quad W_4$$

판독자/기록자

```
monitor readers/writers {
    int read_cnt = 0 , writing = 0 ;
    condition Ok_to_read, Ok_to_write ;
  start_read() {
    if(wrting || !empty(Ok_to_write)) Ok_to_read.wait ;
    read_cnt = read_cnt + 1 ;
    Ok_to_read.signal ;
   }
  end_read() {
    read_cnt = read_cnt - 1 ;
    if(read_cnt==0) Ok_to_write.signal ;
   }
  strat_write() {
    if( (read_cnt != 0) || writing) Ok_to_write.wait ;
    writing = 1 ;
   }
  end_write() {
    writing = 0 ;
    if(!empty(Ok_to_read) Ok_to_read.signal ;
    else Ok_to_write.signal ;
   }
}
```

문제 27

다음과 같은 〈조건〉과 〈알고리즘〉을 보고 세마포어 연산에 대한 차량의 진행 순서를 나열하시오.

조건

① 두 일반통행 도로가 교차하는 곳의 교통 흐름을 제어하는 세마포어 연산이다.
② 남쪽 방향(S1, S2..)와 북쪽 방향(N1, N2..)의 양쪽 방향에서 차량이 도착한다.
③ 가장 먼저 S1이 도착하여 교차로를 통과하는 중에 N1, S2, N2, N3, S3, S4, N4, N5 순으로 도착한다.

알고리즘

```
            monitor tunnel {
                int N_cnt = 0, S_cnt = 0 ;
                condition OK_N, OK_S ;

start_S() {                          start_N() {
 if(N_cnt != 0 || !empty(OK_N))       if(S_cnt != 0 || !empty(OK_S))
      OK_S.wait ;                         OK_N.wait ;
  S_cnt++ ;                            N_cnt++ ;
  OK_S.signal ;                        OK_N.signal ;
}                                    }

end_S() {                            end_N() {
  S_cnt-- ;                            N_cnt-- ;
  if( S_cnt==0) OK_N.signal ;          if( N_cnt==0) OK_S.signal ;
}                                    }
```

SECTION 4. 기억장치 관리

1 물리적 기억장치

(1) 다중 프로그래밍(multiprogramming)

① 다중 프로그래밍 모델링

- CPU 활용도 = $1 - P^n$
  (단, n : 메모리에 존재하는 프로세스의 수
    P : 하나의 작업이 입출력을 위한 대기상태에서 작업시간의 비율)

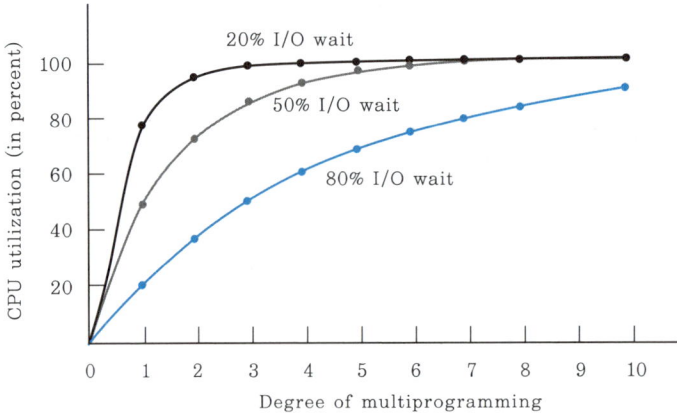

② 다중 프로그래밍 시스템의 성능 분석

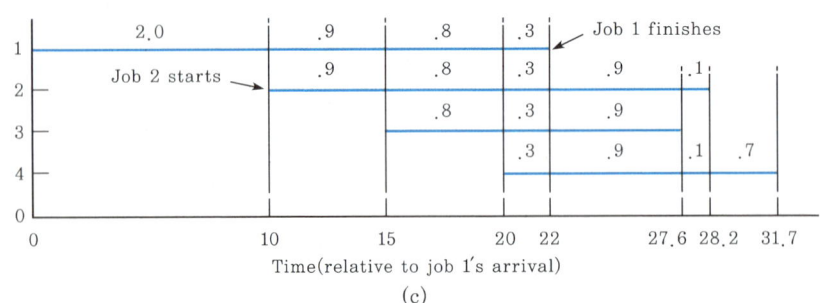

문제 28

다중 프로그래밍 시스템에서 아래와 같은 도착 및 CPU 요구시간표가 주어지고, 70% 입출력 대기가 발생한다고 가정할 때, 각 작업에 대한 반환시간을 구하시오.

작업	도착시간	CPU 요구시간
A	0	7
B	2	2
C	4	5

- A의 반환시간 : _____
- B의 반환시간 : _____
- C의 반환시간 : _____

(2) 가변 분할 할당(MVT)의 스케줄링

① 통합(Coalescing)

인접 공간 통합의 예

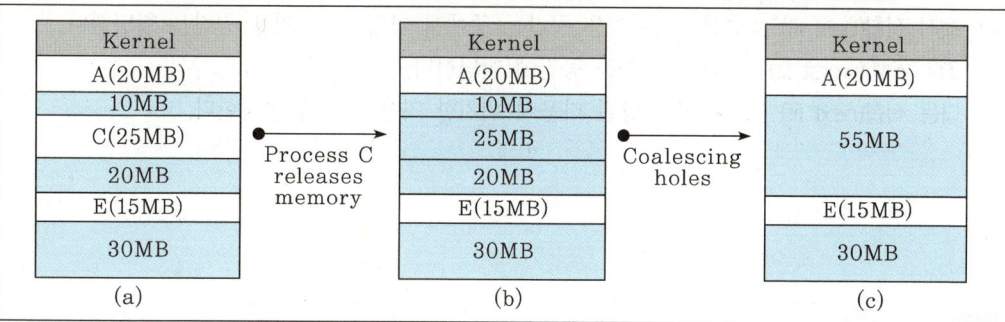

partition	start address	size	current process ID
1	u	20	A
2	u+20	10	none
3	u+30	25	C
4	u+55	20	none
5	u+75	15	E
6	u+90	30	none

(a)

partition	start address	size	current process ID
1	u	20	A
2	u+20	10	none
3	u+30	25	none
4	u+55	20	none
5	u+75	15	E
6	u+90	30	none

(b)

partition	start address	size	current process ID
1	u	20	A
2	u+20	55	none
3	u+75	15	E
4	u+90	30	none

(c)

② 압축(compaction)

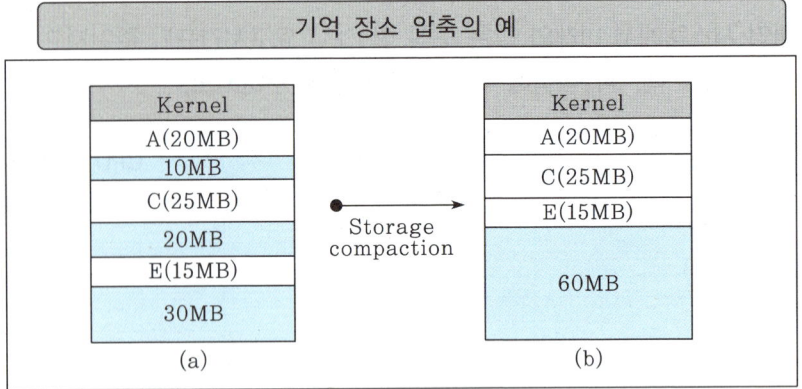

(3) 메모리 할당 알고리즘
① 최초 적합(first fit) : 충분히 큰 공간 첫 번째 가용 공간을 할당한다.
② 최적 적합(best fit) : 충분히 큰 가용 공간들 중에서 가장 작은 가용 공간을 할당한다.
③ 최악 적합(worst fit) : 가장 큰 가용 공간에 할당한다.
④ 다음 적합(next fit) : 이전에 할당된 다음에 위치한 가용 공간을 할당한다.

문제 29

동적 메모리 할당에서 메모리가 100K, 500K, 200K, 300K, 600K 순으로 분할되어 있고, 메모리 할당을 위해 first fit, best fit, worst fit을 사용한다. 메모리는 50K의 정수배로 할당되며, 프로세서에 할당되었으나 50K 미만의 사용되지 않는 공간은 내부 단편화가 발생한다고 가정한다. 220K, 370K, 120K, 450K 크기의 프로세스가 들어오는 경우 각 기법당 내부 단편화의 크기를 구하시오.

2 가상 기억장치

(1) 가상 기억장치의 구현

① 페이징(paging) 기법

㉠ 페이지의 특징

ⓐ 페이지와 페이지 프레임의 크기는 동일하다.

ⓑ 외부 단편화는 발생하지 않으나 내부 단편화는 발생한다.

ⓒ 메모리 관리자(MMU)는 가상주소를 물리주소에 매핑시키는 칩(chip)이다.

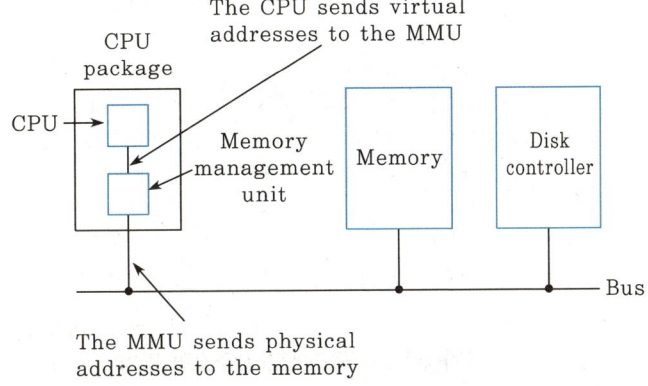

㉡ 가상 메모리와 물리적 메모리의 형태

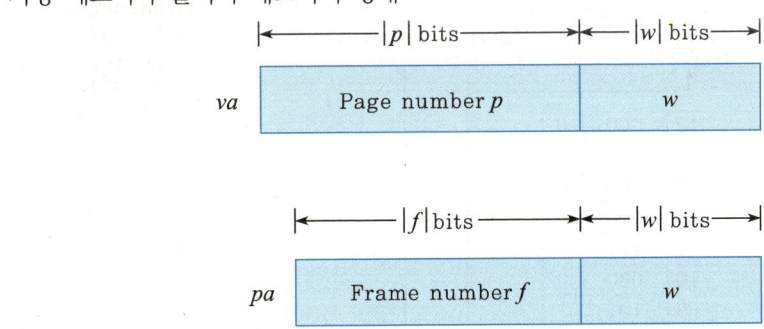

ⓐ 가상 주소(va)
- (p, w)쌍이며, p는 페이지 번호이고, w는 p에서의 변위이다.
- va는 |p|+|w|비트의 문자열이 되고, 크기가 $2^{|p|+|w|}$워드인 가상 메모리이다.

ⓑ 물리적 주소(pa)
- (f, w)쌍이며, f는 프레임 번호이고, w는 프레임 f에 있는 변위이다.
- pa는 |f|+|w|비트의 문자열이 되고, 크기가 $2^{|f|+|w|}$워드인 물리적 메모리이다.

기억장치 관리

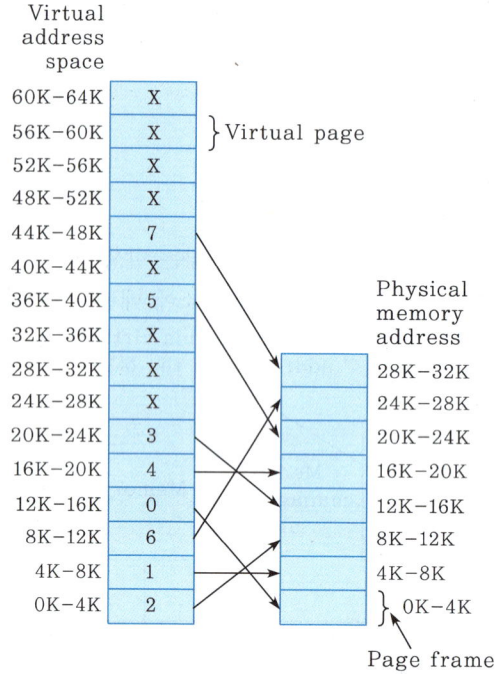

〈가상주소와 물리메모리 주소의 관계〉

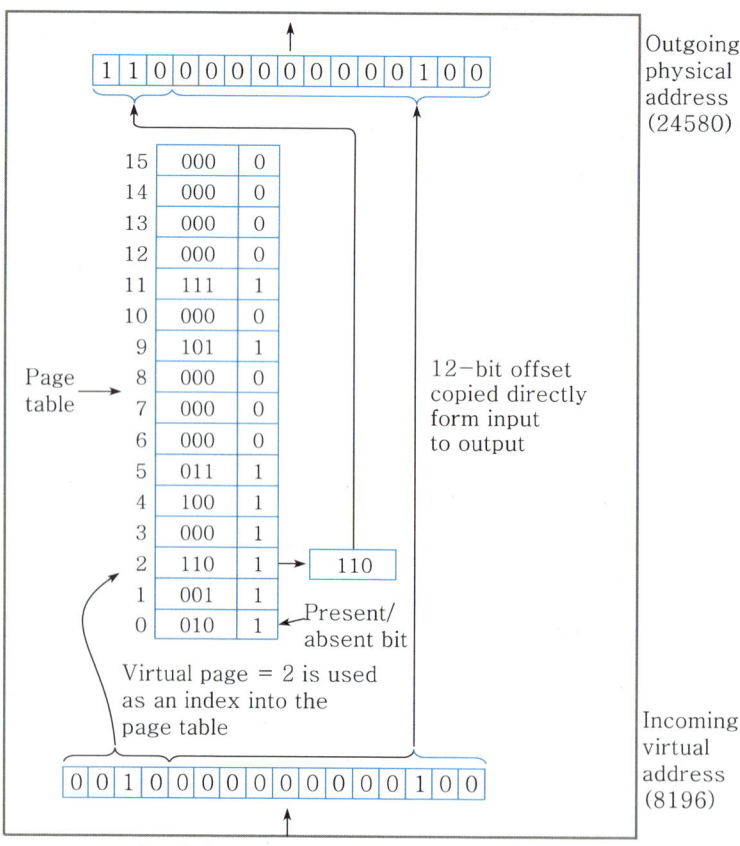

〈16개의 4KB 페이지를 갖는 MMU의 내부 동작〉

ⓒ 페이징(paging)
　ⓐ 요구 페이징

```
address_map(p, w) {
    if( resident(*(PTR+p)) ) {
        pa = *(PTR+p)+w ;
        return pa ; }
    else page_fault ;
}
```

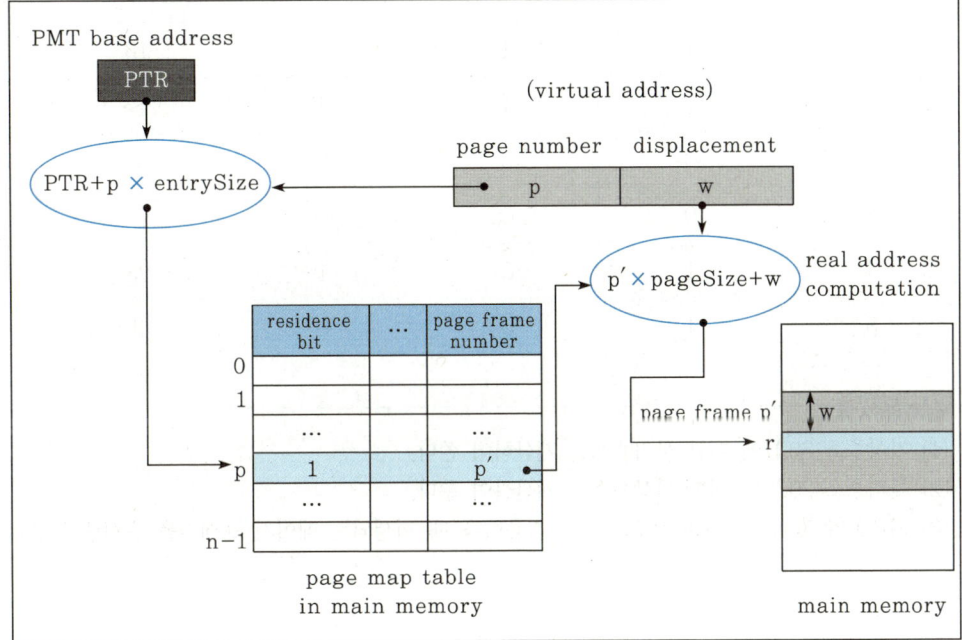

문제 30

현재 프로세서 상에서 수행 중인 프로세스의 페이지 테이블 내용이 다음과 같다고 가정하자. 모든 수는 십진수이며, 0부터 시작되고 또한 모든 주소는 바이트 주소를 사용한다. 페이지 크기는 2048 바이트이다. 〈작성 방법〉에 따라 기술하시오. (단, 적재시간은 이벤트가 발생한 시간부터 걸리는 시간을 의미한다.)

페이지 테이블					
가상 페이지 번호	유효 비트	참조 비트	변경 비트	적재 시간	페이지 프레임 번호
0	1	1	0	15	4
1	1	1	1	8	6
2	0	0	0		-
3	0	0	0		-
4	1	0	1	25	3
5	1	0	0	3	1

작성 방법

(1) 가상주소 8227에 대한 물리주소를 계산하여 쓴다.
(2) 물리주소 2063에 대한 가상주소를 계산하여 쓴다.
(3) FIFO 알고리즘과 NUR 알고리즘을 적용했을 때 희생되는 페이지 프레임을 순서대로 쓴다.

문제 31

순수한 페이징 시스템은 512워드 크기의 페이지, 0부터 511까지 번호가 매겨진 512개 페이지의 가상 메모리, 0부터 15까지 번호가 매겨진 16개의 페이지 프레임을 가진 물리적 메모리를 가진다. 물리적 메모리의 현재 내용은 다음과 같다.

〈물리적 메모리〉

주소	페이지 프레임
0	사용가능
1536	페이지 34
2048	페이지 9
	사용가능
3072	페이지 테이블
3584	페이지 45
	사용가능
4608	페이지 10
	사용가능

(1) 페이지 테이블들은 단지 4비트의 프레임 번호(13비트의 완전한 물리적 메모리 주소가 아님)를 포함하고 있다고 가정하고 페이지 테이블의 현재 내용을 쓰시오.

(2) 가상주소 4608, 5119, 5120에 참조되는 물리적 주소는 무엇인가?

가상주소	물리적 주소
4608	
5119	
5120	

(3) 가상주소 3330이 참조될 때 무슨 일이 일어나는가?

기억장치 관리

기출 2018 다음은 페이징을 기반으로 한 가상 메모리 시스템에서 실행중인 프로세스 A의 [페이지 테이블]과 [주기억장치]의 페이지 적재 상황이다. 〈조건〉을 고려하여 〈작성 방법〉에 따라 서술하시오. [4점]

[페이지 테이블]

페이지 번호	존재 비트	프레임 번호
0	0	
1	0	
2	0	
3	1	7
4	1	2
5	0	
6	0	
7	0	
……		

[주기억장치]

프레임 번호	
0	
1	
2	P4
3	
4	
5	
6	
7	P3
……	

조건
- 페이지와 프레임의 크기는 1 KB이다. (1 KB = 1024 bytes)
- i번째 페이지는 P_i로 표시한다.
- 페이지 번호와 프레임 번호는 0부터 시작한다.
- 존재 비트는 해당 페이지가 주기억장치에 존재할 경우 1, 존재하지 않을 경우 0을 가진다.
- 페이지 폴트(fault)가 발생하여 해당 페이지를 반입해야 할 경우 4번 프레임, 3번 프레임을 순서대로 사용한다.

작성 방법
- 현재 상태로부터 프로세스 A가 실행되면서 가상(논리) 주소 5156, 4096을 차례대로 참조할 경우
(1) 각각의 참조에 대해 페이지 폴트 발생 여부를 순서대로 쓸 것.
(2) 이들이 사상(mapping)되는 물리 주소를 순서대로 쓸 것.

정답	(1) 5156 : 페이지 부재, 4096 : 페이지 적중	2점
	(2) 4132, 2048	2점

해설

5156 => V(5, 36) => Pa = 4*1024 + 36 = **4132**
4096 => V(4, 0) => Pa = 2*1024 + 0 = 2048

ⓑ 프레임 테이블

```
address_map(id, p, w) {
    pa = UNDEFINED ;
    for( f=0 ; f<F ; f++)
        if (FT[f].pid == id && FT[f].page == p) pa = (f+w) ;
    return pa;
}
```

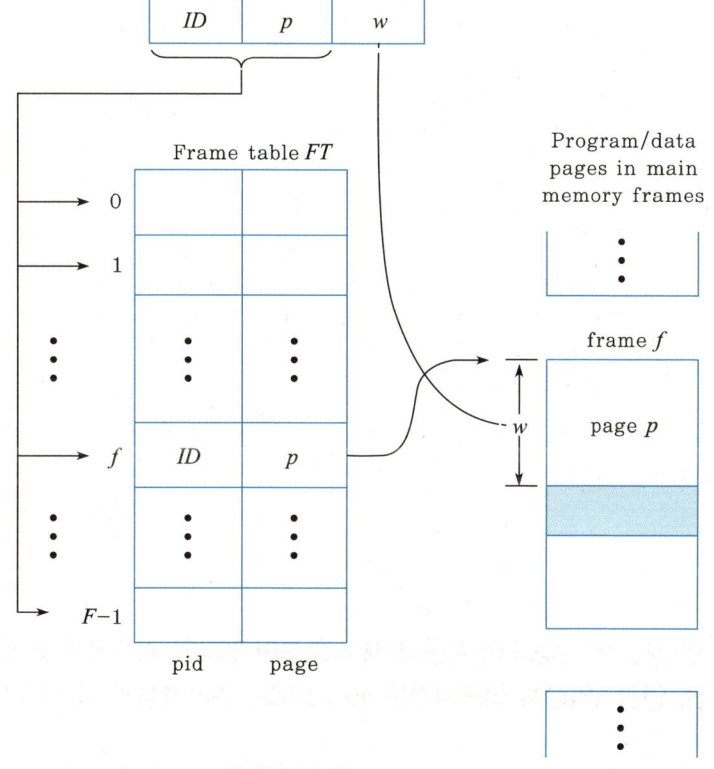

기억장치 관리

문제 32

페이징 시스템에서 다음 프레임 테이블을 고려하자. 페이지 테이블들은 프레임 테이블을 대신해서 사용된다고 가정하고, 해당하는 페이지 테이블들의 내용을 보이시오.

프레임번호	pid	page
0	3	1
1	7	4
2	3	0
3	3	2
4	7	1
5	7	2
6	7	0
7	7	3

문제 33

직접사상과 연관사상을 혼용하여 사용할 때 적중률이 80%인 경우에 평균 유효 기억장치 접근시간을 구하시오. (단, 연관기억장치 접근시간은 40 ns이고, 주기억장치 접근시간은 800 ns로 가정한다.)

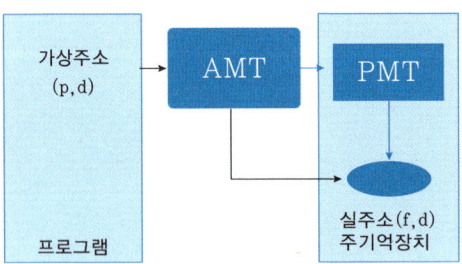

기출 2019 다음은 (가)의 프로그램 P가 서로 다른 메모리 시스템 (나)와 (다)에 적재·수행되고 있을 때의 상황을 보여준다. 〈조건〉을 고려하여 〈작성 방법〉에 따라 쓰시오. [4점]

(가) (나)

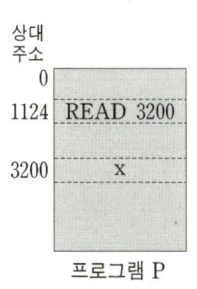

(다)

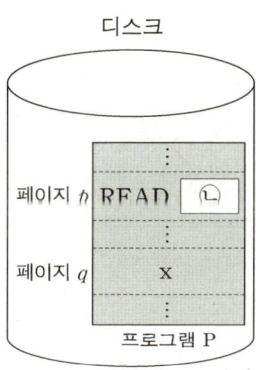

조건

- 워드의 크기는 4바이트이고, 메모리 주소는 특정 워드 단위 저장소의 위치를 나타낸다.
- 주소와 번호는 10진수로 표기되어 있다.
- 프로그램 P의 크기는 64K바이트이다.
- (가)의 프로그램 P에 포함된 명령어 "READ 3200"은 3200번지에 저장된 값 x를 레지스터로 읽어 들이는 명령어이다.
- (나)와 (다)에 표시된 READ 명령어와 x는 각각 (가)의 1124번지에 있는 READ 명령어와 3200번지에 저장된 값에 해당한다.
- (나)와 관련하여 다음 조건이 충족된다.
  - 프로그램 P는 재배치 작업을 거쳐 물리 메모리 8192번지부터 연속적으로 적재되어 있다.
  - ㉠에는 실제로 읽을 값이 저장된 곳의 물리 주소가 들어간다.
- (다)와 관련하여 다음 조건이 충족된다.
  - 프로그램 P가 접근하는 모든 주소는 가상 주소로 간주되며, 가상 주소는 '페이지 번호'와 '오프셋' (변위)으로 구성되고, 오프셋은 10비트로 표현된다.
  - 프로그램 P의 페이지 중 4개 페이지(1, 3, 6, 12)만 물리 메모리에 적재되어 있다(유효비트 값 = 1).

기억장치 관리

> **작성 방법**
> (1) ㉠, ㉡에 해당하는 값을 순서대로 쓸 것.
> (2) (다)에서 x가 포함된 페이지의 번호와 x가 저장된 물리 메모리의 주소를 순서대로 쓸 것.

정답	(1) 11392, 3200	각 1점
	(2) 3, 6272	각 1점

해설

(1) ㉠ 8192 + 3200 = 11392

(2) 3200 / 1024 = v(3, 128)
 => p(x) = 6 × 1024 + 128 = 6272

문제 34

다음의 테이블은 세그먼테이션을 사용하지 않는 페이징 시스템에서의 주 메모리의 내용이다.

주소	내용	주소	내용
0	6	16	0
1	15	17	-12
2	3	18	-16
3	-2	19	-
4	-45	20	0
5	8	21	0
6	28	22	0
7	-2	23	0
8	9	24	5
9	-3	25	-3
10	8	26	-3
11	12	27	2
12	0	28	0
13	-12	29	1
14	24	30	2
15	-	31	3

가정

- 각 페이지와 페이지 테이블의 크기는 4이다.
- 현재 p1, p2 두 프로세스가 있다. p1의 페이지 테이블의 주소 4에서 시작한다. p2의 페이지 테이블은 주소 12에서 시작한다.
- 모든 페이지 테이블 항목의 가장 왼쪽 비트는 그 페이지가 현재 메모리에 있는지 혹은 디스크에 있는지를 나타낸다. 즉, 음수인 것은 메모리 바깥에 있는 페이지이고, 반면에 양수는 상주 페이지를 나타낸다.
- 두 프로세스 모두 7, 11, 2, 14, 8, 5의 가상주소를 참조한다.

위에서 제시한 〈가정〉에 따라 각 프로세스에 대해 가상주소를 해당하는 물리적 주소로 변환하시오. 만약 변환이 성공적이면 해당하는 메모리 위치의 내용을 읽으시오. 그렇지 않으면 페이지 부재인지 오류인지를 나타내시오.

가상주소	(p, w)	P_1 물리주소	내용	P_2 물리주소	내용
7					
11					
2					
14					
8					
5					

② 세그먼트(segment) 기법
　㉠ 가상주소(va)는 (s, w)쌍이며, s는 세그먼트 번호이고, w는 변위이다.
　㉡ 주소 사상함수는 다음과 같다.

```
address_map(s, w) {
    if( resident(*(STR+s)) ) {
        pa = *(STR+s)+w ;
        return pa; }
    else segment_fault ;
}
```

　㉢ 세그먼트 테이블의 항목을 참조하는 과정은 아래와 같다.

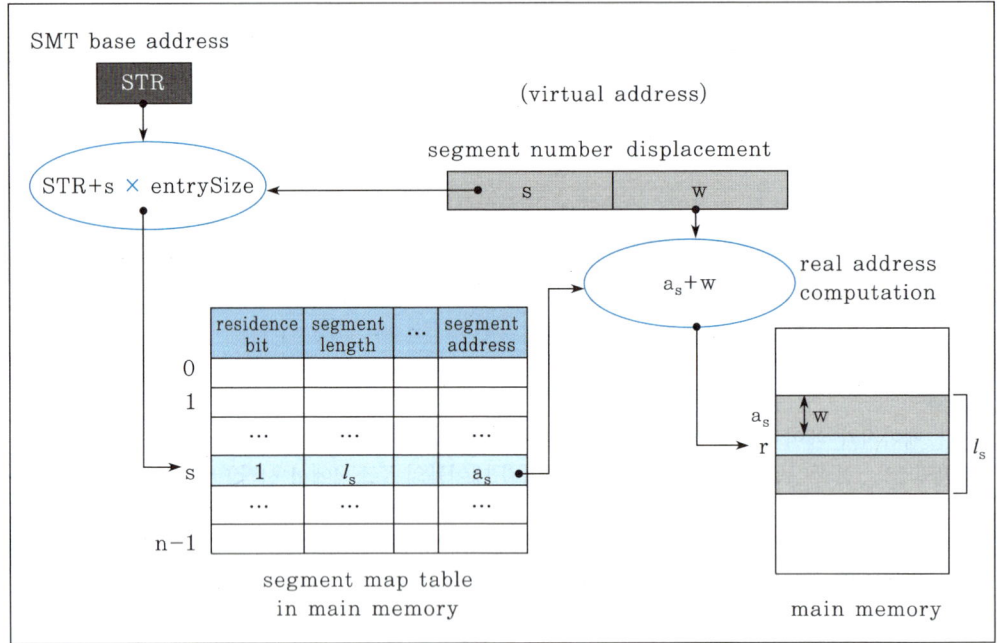

문제 35

다음과 같은 세그먼트 테이블이 있을 때 다음의 논리적 주소에 대한 실제적 주소를 구하시오.

세그먼트	시작 주소	세그먼트 길이
0	219	600
1	2300	14
2	90	100
3	1327	580
4	1952	96

(1) v = (0, 430) ➔ _____

(2) v = (1, 10) ➔ _____

(3) v = (2, 500) ➔ _____

(4) v = (3, 500) ➔ _____

③ 세그먼트를 이용한 페이징
　㉠ 가상주소(va)는 (s, p, w)쌍이며, s는 세그먼트 번호이고, p는 그 세그먼트에서의 페이지 번호이며, w는 변위이다.
　㉡ 주소 사상함수는 다음과 같다.

```
address_map(s, p, w) {
    pa = *(*(STR+s)+p)+w ;
    return pa;
}
```

　㉢ 세그먼트를 이용한 페이징 테이블의 항목을 참조하는 과정은 아래와 같다.

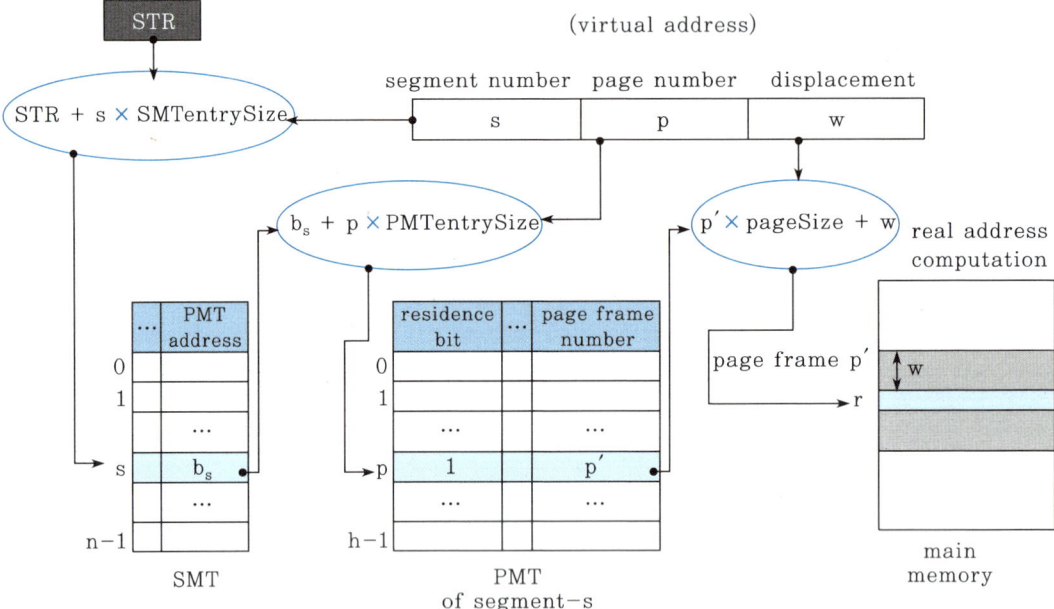

기출 2009 - 17 페이징과 세그먼테이션 결합형 가상메모리에서 가상주소, 세그먼트 테이블 항목, 페이지 테이블 항목은 다음과 같다.

가상주소

세그먼트 번호	페이지 번호	변위(offset)

세그먼트 테이블 항목(entry)

제어비트	길이(length)	segment base

페이지 테이블 항목(entry)

제어비트	frame number

조건
- 가상주소의 길이는 24비트이다.
- 가상주소는 세그먼트 번호 4비트, 페이지 번호 8비트, 변위(offset) 12비트로 구성된다.
- 시스템의 주기억 장치의 크기는 2^{18} 바이트이다.

〈조건〉을 만족하는 페이징과 세그먼테이션 결합형 가상메모리에 대한 설명으로 옳은 것을 〈보기〉에서 고른 것은?

보기
ㄱ. 하나의 프로세스가 가질 수 있는 최대 페이지 수는 4,096개이다.
ㄴ. 세그먼테 테이블 항목의 'segment base' 필드는 주기억장치에 저장된 세그먼트의 시작주소를 저장한다.
ㄷ. 페이징과 세그먼테이션 결합형 가상메모리는 연관사상(associative mapping) 기법을 사용할 수 있다.
ㄹ. 페이징과 세그먼테이션 결합형 가상메모리에서는 외부 단편화(external fragmaentation)가 발생하지 않는다.
ㅁ. 세그먼트 테이블 항목의 제어비트 필드에는 세그먼트의 적재와 변경을 나타내는 존재 비트와 수정비트가 있다.

① ㄱ, ㄴ, ㄷ   ② ㄱ, ㄴ, ㅁ   ❸ ㄱ, ㄷ, ㄹ   ④ ㄴ, ㄹ, ㅁ   ⑤ ㄷ, ㄹ, ㅁ

(2) 페이지 교체 알고리즘

① 전역 페이지 교체 알고리즘(고정 할당 기반)

> 이 알고리즘은 모든 프로세스들에 의해 공유되는 페이지 프레임의 고정된 개수를 가정한다. 만일 사용가능한 프레임들이 필요하면, 이 알고리즘은 페이지의 소유자에 관계없이 현재 상주하고 있는 모든 페이지들을 방출 후보로 고려한다.

㉠ 이차 기회 교체 알고리즘
    ⓐ 사용 비트라고 하는 비트 u가 각 페이지 프레임에 있으며, 참조가 일어나면 이 하드웨어는 자동적으로 해당하는 사용 비트를 1로 만든다.
    ⓑ 포인터가 u=0인 페이지를 있다면, 그 페이지가 교체 대상으로 선택되고 포인터는 다음 페이지를 전진한다.
    ⓒ u=1이면 사용 비트를 0으로 만들고 포인터는 리스트의 다음 페이지로 전진한다.

문제 36

이체 기회 교체 알고리즘은 각 페이지 프레임마다 참조비트(R)를 두어 R=1이면 교체하지 않고 R=0이면 교체한다. 또한 초기에는 모든 페이지들의 참조 비트가 1로 설정되어 있다고 가정한다. 참조열=(c, a, d, b, e, b, a, b, c, d)와 페이지 프레임이 4일 때 아래 표를 완성하고, 페이지 부재수를 구하시오. (단, a / 1에서 a는 참조열이며, 1은 참조비트 값이다.)

시간	0	1	2	3	4	5	6	7	8	9	10
참조열		c	a	d	b	e	b	a	b	c	d
프레임 1											
프레임 2											
프레임 3											
프레임 4											
IN											
OUT											

• 페이지 부재수 : _____

ⓒ 삼차 기회 교체 알고리즘
  ⓐ 각 페이지 프레임과 연관된 u(사용 비트)와 w(쓰기 비트)의 쌍을 사용한다.
  ⓑ 페이지 부재가 발생하면, 포인터는 비트 u와 w가 모두 0인 페이지를 찾을 때까지 리스트를 스캔하고, 그 페이지가 교체 대상으로 선택된다.
  ⓒ 스캔하는 동안 포인터가 진행될 때마다 비트 u와 w는 아래 표의 규칙에 따라서 0으로 변한다.

이	전	이	후
U	W	U	W
1	1	0	1
1	0	0	0
0	1	0	0*
0	0	선 택	

문제 37

참조열 = (c, a, d, b, e, b, a, b, c, d)와 페이지 프레임이 4일 때 삼차 기회 교체 알고리즘을 이용하여 아래 표를 완성하고, 페이지 부재수를 구하시오. (단, a / 10에서 a는 참조열이며, 10은 사용비트와 쓰기비트 값이다.)

시간	0	1	2	3	4	5	6	7	8	9	10
참조열		c	a	d	b	e	b	a	b	c	d
프레임 1											
프레임 2											
프레임 3											
프레임 4											
IN											
OUT											

• 페이지 부재수 : _____

② 지역 페이지 교체 알고리즘(가변 할당 기반)

> 이 알고리즘은 각 프로세스마다 작업 집합이라고 하는 페이지들의 집합을 유지한다. 작업 집합의 크기는 시간에 따라 변하기 때문에, 각 프로세스는 가변적인 페이지 프레임의 개수를 필요로 한다. 이 알고리즘은 더 이상 프로세스의 현재 작업 집합에 속하지 않는 페이지들을 자동적으로 방출한다.

㉠ 최적 교체 알고리즘(VMIN)

시간 t에서의 페이지 참조를 고려하자. 만약 그 페이지가 현재 상주하지 않는다면, 결과적으로 페이지 부재가 발생하고 그 페이지는 사용가능 프레임들 중 하나에 로드된다. 그 다음 페이지 부재의 발생 여부와 상관없이 이 알고리즘은 참조 문자열을 미리 살펴본다. 만약 그 페이지가 시간 구간 (t, t+τ)에서 다시 참조되지 않으면, 그 페이지는 제거된다. 그러지 않으면, 그것은 다시 참조될 때까지 프로세스 상주집합에 남아있게 된다. 구간 (t, t+τ)을 슬라이딩 윈도우라고 하는데, 주어진 시간에 상주 집합은 그 윈도우에서 보이는 페이지들로 이루어지기 때문이다. 이것은 현재 참조되는 페이지에 τ 미래 만큼의 메모리 접근 동안 참조되는 페이지들을 더한 것이다. 그러므로, 실제 윈도우 크기는 τ+1이다.

문제 38

참조열=(c, c, d, b, c, e, c, e, a, d)이고, 슬라이딩 윈도우 크기가 τ=3으로 정의되었다고 하자. 시간 0에서 상주 페이지로는 페이지 { d }가 있다. VMIN 알고리즘을 이용하여 아래 표를 완성하고, 페이지 부재수를 구하시오. (단, 상주 페이지는 'ⅴ'로 표시하고, 비상주 페이지는 '−'로 표시한다.)

시간 t	0	1	2	3	4	5	6	7	8	9	10
참조열		c	c	d	b	c	e	c	e	a	d
프레임 a	−	−	−	−	−	−	−	−	−	ⅴ	−
프레임 b	−	−	−	−	ⅴ	−	−	−	−	−	−
프레임 c	−	ⅴ	ⅴ	ⅴ	ⅴ	ⅴ	ⅴ	ⅴ	−	−	−
프레임 d	ⅴ	ⅴ	ⅴ	ⅴ	−	−	−	−	−	−	ⅴ
프레임 e	−	−	−	−	−	−	ⅴ	ⅴ	ⅴ	−	−
IN		c			b		e			a	d
OUT				d	b			c	e	a	d

• 페이지 부재수 : 5

ⓒ 작업 집합 교체 알고리즘(WS)

주어진 시간 t에서 각 프로세스는 시간 구간 (t−τ, t) 동안에 그 프로세스에 의해 참조된 페이지의 집합으로 정의되는 페이지의 작업 집합 W(t, τ)를 가진다. 여기서, τ는 시스템 매개변수이다.

문제 39

참조열 = (c, c, d, b, c, e, c, e, a, d)와 τ = 3로 하고, 시간 0일때 상주 집합은 페이지 { a, d, e }이다. 여기서 a는 시간 t = 0일 때 참조되었고, d는 시간 t = −1일 때 참조되었고, e는 시간 t = −2일 때 참조되었다고 하자. WS 알고리즘을 이용하여 아래 표를 완성하고, 페이지 부재수를 구하시오. (단, 상주 페이지는 'ⅴ'로 표시하고, 비상주 페이지는 '−'로 표시한다.)

시간 t	0	1	2	3	4	5	6	7	8	9	10
참조열		c	c	d	b	c	e	c	e	a	d
프레임 a	ⅴ	ⅴ	ⅴ	ⅴ	−	−	−	−	−	ⅴ	ⅴ
프레임 b	−	−	−	−	ⅴ	ⅴ	ⅴ	ⅴ	−	−	−
프레임 c	−	ⅴ	ⅴ	ⅴ	ⅴ	ⅴ	ⅴ	ⅴ	ⅴ	ⅴ	ⅴ
프레임 d	ⅴ	ⅴ	−	ⅴ	ⅴ	ⅴ	ⅴ	−	−	−	ⅴ
프레임 e	ⅴ	−	−	−	−	−	ⅴ	ⅴ	ⅴ	ⅴ	ⅴ
IN		c		d	b		e			a	d
OUT		e	d		a			d	b		

• 페이지 부재수 : 6

ⓒ 페이지 부재 빈도 교체 알고리즘(PFF)
　ⓐ 만약 현재와 이전의 페이지 부재 사이의 시간이 τ 값을 넘는다면, 이 기간 동안 참조되지 않았던 모든 페이지들은 메모리로부터 제거된다.
　ⓑ T_c를 현재의 페이지 부재 시간이라고 하고 T_{c-1}을 이전의 페이지 부재의 시간이라고 할 때, $T_c - T_{c-1} > \tau$ 일 때마다 (T_{c-1}, T_c)기간 동안 참조되지 않았던 모든 페이지들은 메모리에서 제거된다. 여기서, τ 는 시스템 매개변수이다.

$$\text{resident}(T_c) = \begin{cases} RS((Tc-1, Tc)), & \text{if } Tc - Tc-1 > \tau \\ resident(Tc-1) + resident(Tc), & else \end{cases}$$

문제 40

페이지 부재 빈도 교체 알고리즘(PFF)의 규칙은 다음과 같고,

> T_c를 현재의 페이지 부재 시간이라고 하고 T_{c-1}을 이전의 페이지 부재의 시간이라고 할 때, $T_c - T_{c-1} > \tau$ 일 때마다 (T_{c-1}, T_c)기간 동안 참조 되지 않았던 모든 페이지들은 메모리에서 제거된다. 여기서, τ 는 시스템 매개변수이다.

참조열 = (c, c, d, b, c, e, c, e, a, d)와 $\tau = 2$로 하고 시간 0일때 상주 집합은 페이지 { a, d, e }이다. 아래 표를 완성하고 페이지 부재수를 구하시오. (단, 상주 페이지는 '∨'로 표시하고, 비상주 페이지는 '-'로 표시한다.)

시간 t	0	1	2	3	4	5	6	7	8	9	10
참조열		c	c	d	b	c	e	c	e	a	d
프레임 a	∨	∨	∨	∨	-	-	-	-	-	∨	∨
프레임 b	-	-	-	-	∨	∨	∨	∨	∨	-	-
프레임 c	-	∨	∨	∨	∨	∨	∨	∨	∨	∨	∨
프레임 d	∨	∨	∨	∨	∨	∨	∨	∨	∨	-	∨
프레임 e	∨	∨	∨	∨	-	-	∨	∨	∨	∨	∨
IN		c			b		e			a	d
OUT		-			a,e		-			b,d	-

- 페이지 부재수 : 5

기출 2020 (가)는 어떤 컴퓨터 시스템에서 프로세스와 관련된 현재 메모리 상태이고 (나)는 앞으로의 페이지 참조 순서이다. 〈조건〉을 고려하여 〈작성 방법〉에 따라 서술하시오. [4점]

(가)

- 프로세스 Pa와 Pb만 현재 실행 중이다.
- a1, a2, a3, a4, a5는 Pa의 페이지이다.
- b1, b2, b3, b4, b5는 Pb의 페이지이다.
- 현재 시스템의 물리 메모리 상태는 다음 표와 같다. (단, 참조시점이 클수록 최근 참조된 페이지를 의미한다.)

프레임 번호	적재된 페이지	참조시점
1	a2	1
2	a3	2
3	b2	3
4	b3	4
5	b5	5

(나)

- 프로세스 Pa와 Pb가 다음과 같은 순서로 페이지를 참조한다.

참조시점 프로세스	6	7	8	9	10	11	12	13
Pa	a5		a2	a3	a5			a2
Pb		b2				b3	b2	

조건

- 반입 정책은 요구 페이징(demand paging)을 사용한다.
- 교체 정책은 LRU(Least Recently Used)를 사용한다.
- 적재 집합 관리는 전역 교체이다. 즉, 교체 대상 페이지를 선택할 때 프로세스를 구분하지 않는다.
- 프로세스의 페이지 적재를 위한 시스템의 물리 메모리 프레임 수는 5이다.
- 1개의 프레임에는 1개의 페이지만 적재 가능하다.
- 프로세스가 참조하려는 페이지가 물리 메모리에 없으면 페이지 폴트(page fault)가 발생하고 이때 페이지 교체가 이루어진다.
- 페이지를 물리 메모리 프레임에 적재하는 데 소요되는 시간은 0이라고 가정한다.

작성 방법

- 참조시점 6에서 Pa가 페이지 a5를 참조할 때 페이지 교체가 이루어진다. 이때 a5와 교체되는 페이지를 쓰고, 그 이유를 서술할 것.
- Pa와 Pb가 (가)의 상태에서 (나)와 같은 순서로 페이지 참조를 하는 동안 발생한 Pa의 페이지 폴트 횟수와 Pb의 페이지 폴트 횟수를 순서대로 쓸 것. (단, 〈조건〉에서 설명하지 않은 페이지 폴트는 고려하지 않음.)

(3) 프로그램 구조 재구성(program restructuring)

① 요구 페이징은 자료 구조와 프로그램 구조를 잘 선택하면 지역성을 증가 시킬 수 있고, 그래서 페이지 부재율을 감소시킬 수 있다.

② 페이지가 256 워드의 크기이고, 256 × 256 배열을 0으로 초기화시키는 C프로그램이다.

프로그램 구조 재구성

```
// 프로그램-1

int main()
{
 int zar[256][256];
 int i, j;

 for (j=0; j<256; j++)
    for (i=0; i<256; i++)
       zar[i][j]=0;

 return 0;
}
```

```
// 프로그램-2

int main()
{
 int zar[256][256];
 int i, j;

 for (i=0; i<256; i++)
    for (j=0; j<256; j++)
       zar[i][j]=0;

 return 0;
}
```

- 매번 반복 구문을 실행할 때마다 0번 페이지부터 255번 페이지까지 번갈아 참조하며 이 과정을 다시 256회 반복함
- 페이지 부재를 발생시키지 않고 효율적으로 실행되기 위해서는
  - 해당 프로세스에 256개의 페이지 프레임이 할당되어야 함
  - 매우 비현실적임

C언어 프로그램에서의 행우선 순위 배열 저장 형태

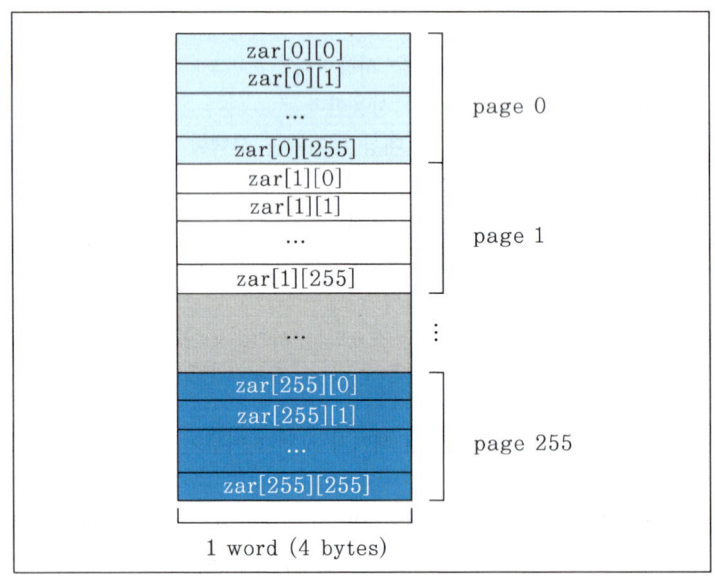

- 배열 zar이 0번 페이지부터 저장됨을 가정함

문제 41

한 시스템이 워드 단위로 주소 지정을 하고, 하나의 정수는 하나의 워드에 저장된다고 가정한다. 이 시스템에서 다음과 같은 2차원 배열이 상대 주소 200번지부터 저장된다고 가정한다.

$$\text{int island[100][100] ;}$$

이 시스템의 페이지 크기는 200워드이며, 위 배열에 대한 연산을 수행하는 프로그램 코드는 0번 페이지, 즉 0번지~199번지의 위치에 모두 존재한다. 프로세스에게 3개의 페이지 프레임이 할당되고, 이중 한 페이지 프레임에 다음과 같은 프로그램 코드가 적재된 상황을 가정하여 LRU 교체 기법을 사용할 때 (가)와 (나)의 페이지 부재수를 구하여 순대로 쓰시오. (단, 나머지 두 개의 페이지 프레임은 초기에 비어있다고 가정한다.)

(가)	(나)

for (i = 0 ; i < 100 ; i++)
　for(j = 0 ; j < 100 ; j++)
　　island[i][j] = 0 ;
	for (j = 0 ; j < 100 ; j++)
	　for(i = 0 ; i < 100 ; i++)
	　　island[i][j] = 0 ;

3 보조기억장치

(1) 디스크 동작 속도
① 탐색시간(seek time) : 디스크상의 원하는 정보를 액세스하기 위하여 read/write head를 트랙(실린더)상에 위치시키는 데 걸리는 시간을 말한다.
② 회전지연시간(latency time) : 지정된 트랙상에 위치한 read/write head가 원하는 자료가 있는 위치까지 이동하는데 걸리는 시간을 말한다.
③ 전송시간(transfer time) : 디스크에서 자료를 주억장치로 이동하는 데 걸리는 시간을 말한다.

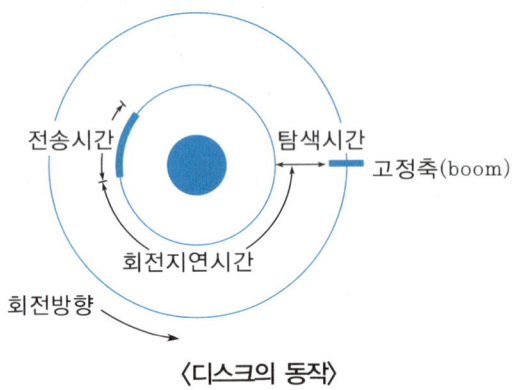

〈디스크의 동작〉

(2) 디스크 스케줄링의 목표
① 처리량(Throughput) : 단위 시간당 처리되는 요구의 수를 극대화해야 한다.
② 평균 응답시간(Mean Response Time) : 평균 대기시간과 평균 서비스 시간을 최소화해야 한다.
③ 응답시간의 편차(Variance of Response Time) : 편차는 각각의 항목이 평균에서 얼마만큼 벗어나 있는가를 나타내는 수학적 측정기준으로 편차를 최소화해야 한다.

문제 42

0에서 4까지 번호로 지정된 5개의 트랙이 있고, 각 트랙은 0에서 4까지 번호로 지정된 5개의 섹터로 이루어진 하나의 드럼이 있다고 가정한다. 아래의 조건과 Request list를 가지고 물음에 답하시오.

조건
① 읽기 / 쓰기 헤드는 처음에는 트랙 0, 섹터 0에 위치한다.
② 섹터 0에서 4까지 회전하는데 5ms가 소비된다.
③ 주기억장치로 1섹터를 전송하는데 1ms가 소비된다.
④ 읽기 / 쓰기 헤드를 한 트랙에서 다음 트랙으로 이동시키는 데 5ms가 걸린다.

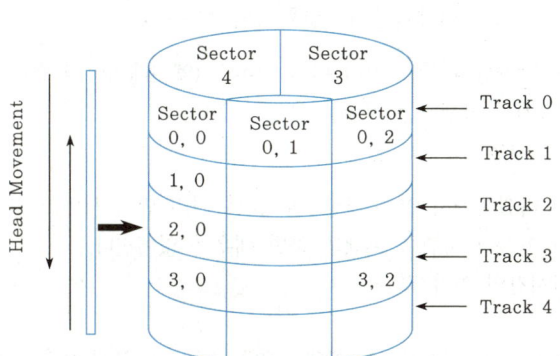

Request list	
Track	sector
0	3
1	3
1	1
1	4
2	3
2	1
3	3
3	0

(1) 도착한 순서에 따라 요청을 선택할 때 아래표의 각각의 시간을 계산하시오.

No	Request (track, sector)	Seek time	latency time	Data transfer	Total time
1.	0,3				
2.	1,3				
3.	1,1				
4.	1,4				
5.	2,3				
6.	2,1				
7.	3,3				
8.	3,0				
	TOTALS				

(2) 검색시간을 최소화하기 위해 요청들을 정렬한 후 total time은 얼마인가?

기억장치 관리

(3) 디스크 스케줄링

구분	기법	설명
탐색 시간 최적화	FCFS	• 요청 대기 큐에 먼저 들어온 요청이 먼저 서비스 • 요청이 도착하면 실행순서가 고정된다는 점에서 공평하다. • 탐색 시간을 최적화하려는 시도가 없다.
	SSTF	• 탐색 거리가 가장 짧은 요청이 먼저 서비스 • 요청 대기 큐의 제일 앞에 있지 않아도 탐색거리가 짧으면 먼저 서비스를 받는다. • 응답시간의 편차 크다. (가운데 트랙에 서비스 집중) • FCFS보다 처리량이 높고 평균 응답시간은 짧다.
	SCAN (LOOK)	• 진행 방향상의 짧은 거리 먼저 서비스 (엘리베이터 기법) • SSTF에서 발생하는 차별 대우를 줄인다. • 응답시간의 편차 작다.
	C-SCAN (C-LOOK)	• 항상 바깥쪽에서 안쪽 방향으로 짧은 거리 먼저 서비스 • 가장 안쪽과 바깥쪽 트랙의 차별 대우가 없어진다. • 응답시간의 편차 작다
	N-Step SCAN	• 진행 도중 도착한 요구는 한데 모아져서 다음의 반대 방향 진행 때 서비스
회전 지연 시간 최적화	SLTF	• 섹터 큐잉(Sector Queuing)이라 한다.
	에션바흐	• 탐색시간과 회전지연시간 최적화 • 부하가 매우 큰 시스템에 유용

문제 43

FCFS, SSTF, SCAN, C-SCAN 스케줄링의 총 헤드 이동거리를 구하시오.

> **보기**
> - 작업 큐 = 95 197 38 121 14 129 57 69
> - 헤드의 현재 위치 : 43 트랙, 진행방향 : 0 트랙 쪽

(1) FCFS 스케줄링

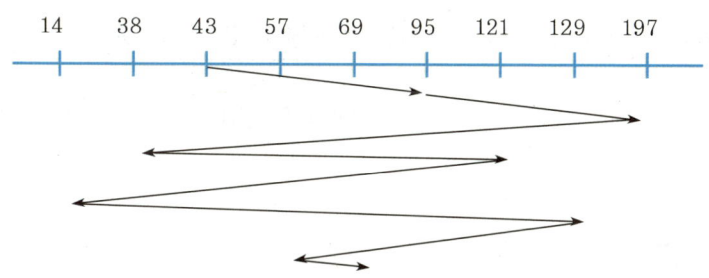

∴ 총 헤드 이동거리 : 154+159+83+107+115+72+12=702

(2) SSTF 스케줄링

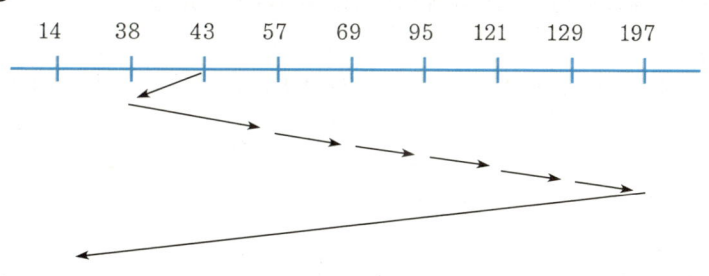

∴ 총 헤드 이동거리 : 5+159+183=347

(3) SCAN 스케줄링

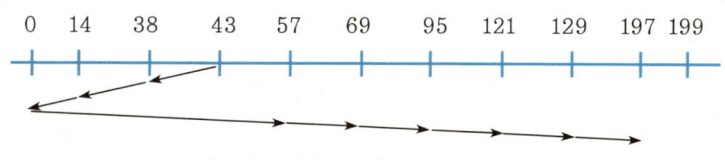

∴ 총 헤드 이동거리 : 43+197=240

(4) C-SCAN 스케줄링

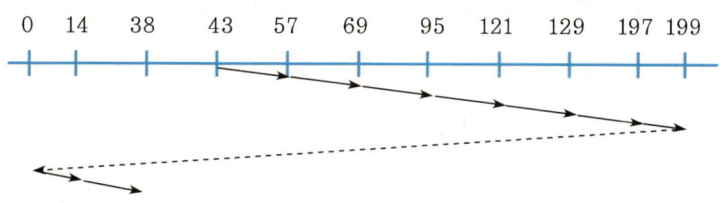

∴ 총 헤드 이동거리 : 156+199+38=393

기억장치 관리

기출 2017 - 04 〈조건〉을 고려하여 디스크 스케줄링 알고리즘을 적용하고자 한다. 〈작성 방법〉에 따라 서술하시오. [4점]

> **조건**
> - 디스크는 번호가 0부터 499까지인 500개의 트랙을 가진다.
> - 현재 트랙 275번을 처리하고 있으며, 방금 전 260번의 요청을 처리하였다.
> - 현재 큐에 있는 요청들은 다음과 같다.
>   315, 20, 64, 430, 128, 256, 94, 420
>
> **작성 방법**
> (1) 다음과 같은 디스크 헤드의 이동 경로를 보이는 알고리즘의 명칭을 쓸 것.
>
>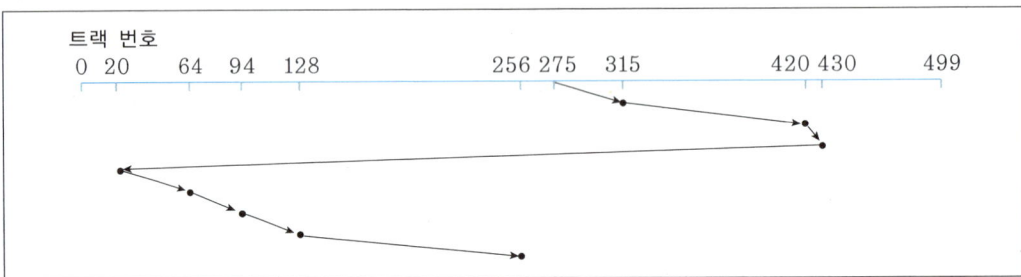
>
> (2) 다음과 같은 디스크 헤드의 이동 경로를 보이는 알고리즘의 명칭을 쓸 것.
>
>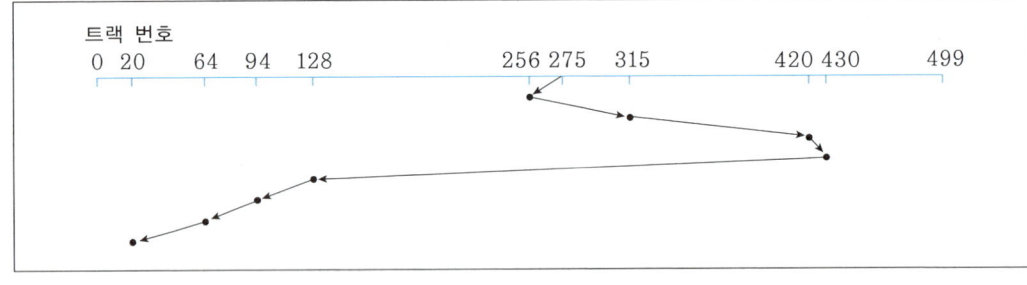
>
> (3) (1), (2) 중 기아(starvation) 상태가 발생할 수 있는 알고리즘의 명칭과 그 이유를 쓸 것.

해답	(1) C-LOOK	1점
	(2) SSTF	1점
	(3) SSTF 현재 위치로 부터 짧은 거리를 먼저 서비스함으로 가운데 트랙만 집중적으로 서비스하고 가장 안쪽과 가장 바깥쪽은 기아상태에 빠진다.	2점

기출 2011 〈조건〉에 따라 세 가지 디스크 스케줄링 기법인 FCFS(First-Come First-Served), SSTF(Shortest Seek Time First), SCAN을 적용하고자 한다. 이 스케줄링 기법을 적용한 결과에 대한 설명으로 옳은 것만을 〈보기〉에서 모두 고른 것은?

조건
○ 100개의 트랙을 가진 이동헤드 디스크이며, 트랙번호는 0에서 99까지이다.
○ 현 트랙 위치는 30이며, 트랙 99로 이동하고 있다.
○ 입출력 대기 큐에 쌓인 트랙 목록은 (80, 45, 20, 10, 60, 35, 40)이다.

보기
ㄱ. 트랙 35에 접근할 때, 헤드의 이동거리가 가장 긴 기법은 FCFS이다.
ㄴ. FCFS, SSTF, SCAN 기법 중 헤드의 총 이동 거리가 가장 긴 기법은 FCFS이다.
ㄷ. SSTF와 SCAN 기법을 각각 적용하여 트랙 80에 접근 하였을 때, 두 기법의 헤드 이동 경로는 같다.
ㄹ. FCFS와 SCAN 기법을 각각 적용하여 트랙 80에 접근하였을 때, 두 기법의 헤드 이동 거리는 같지 않다.

① ㄱ, ㄴ   ② ㄱ, ㄷ   ③ ㄴ, ㄹ   ❹ ㄱ, ㄴ, ㄷ   ⑤ ㄴ, ㄷ, ㄹ

해설 디스크 스케줄링

(1) FCFS 스케줄링

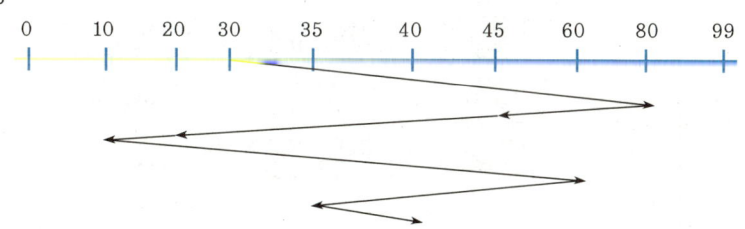

∴ 헤드의 총 이동 거리 : 50 + 70 + 50 + 25 + 5 = 200

(2) SSTF 스케줄링

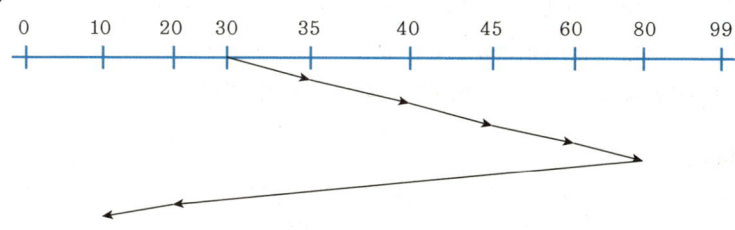

∴ 헤드의 총 이동 거리 : 50 + 70 = 120

(3) SCAN 스케줄링

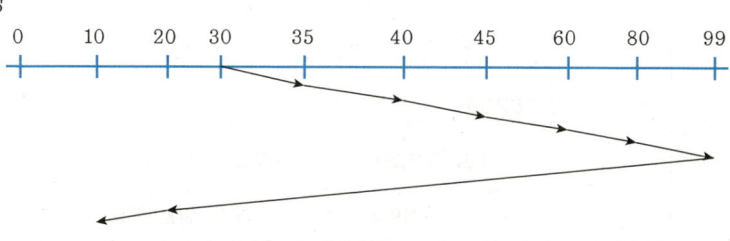

∴ 헤드의 총 이동 거리 : 69 + 89 = 158

(4) 파일 디렉토리

① 1 단계 디렉토리

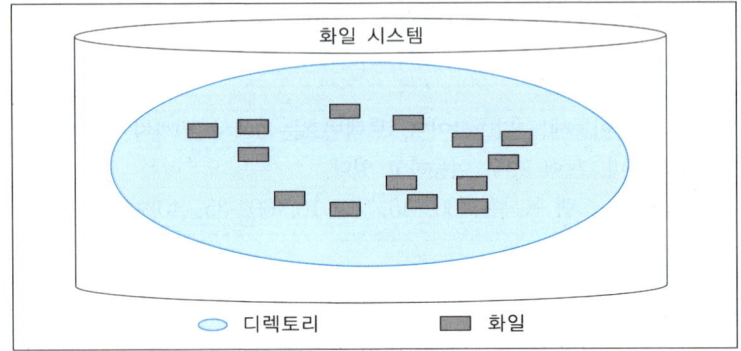

  ㉠ 가장 간단한 구조로서 한 계층의 디렉토리가 시스템에 보관된 모든 파일의 정보를 포함하고 있다.
  ㉡ 파일이 계속하거나 다수의 사용자가 있을 때 동일 이름이 있을 수 있기 때문에 파일 이름의 사용이나 서로 다른 종류의 파일 관리가 불편하다.

② 2 단계 디렉토리

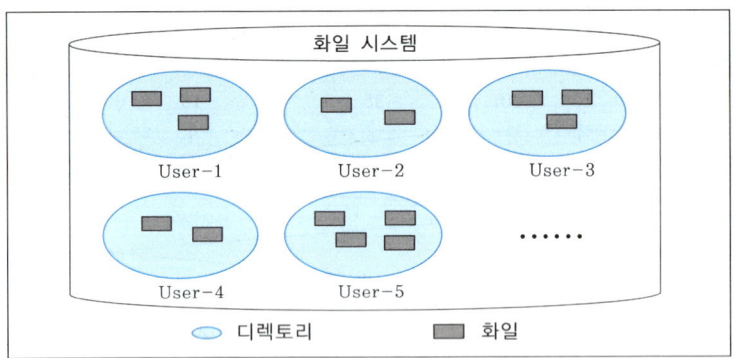

  ㉠ 중앙에 마스터 파일 디렉토리(MFD, Master File Directory)가 있고, 그 아래 사용자 파일 디렉토리(UFD, User File Directory)가 있다.
  ㉡ 다른 사용자와의 파일 공유가 어렵고, 파일 길이가 길어진다.

③ 트리 디렉토리

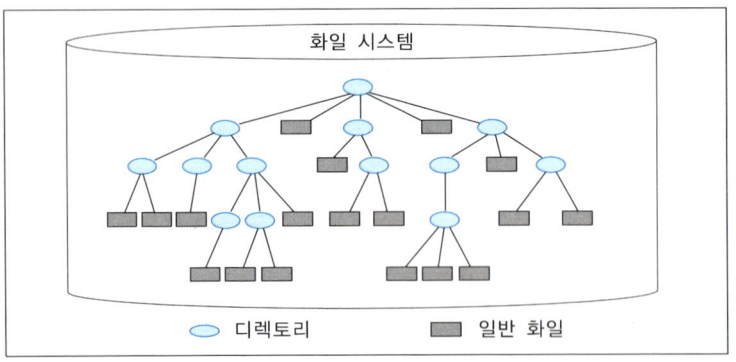

㉠ 하나의 루트 디렉토리(Root Directory)와 여러 개의 부디렉토리(subdirectory)로 구성된다.
㉡ 디렉토리의 탐색은 포인터에 의해 계층적으로 이루어진다.
㉢ UNIX나 윈도우 운영체제에서 채택하고 있는 구조이다.

④ 비순환 그래프 디렉토리

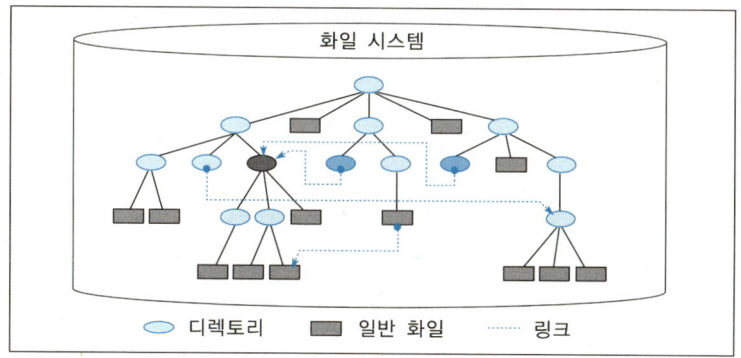

㉠ 부디렉토리의 공동 사용이 가능한 사이클이 없는 그래프 구조이다.
㉡ 구조가 복잡하고 하나의 파일에 여러 개의 이름이 존재할 수 있다.
㉢ 공유하고 있는 파일 제거시 떨어진 포인터(Dangling pointer)문제가 발생할 수 있다.

⑤ 순환 그래프 디렉토리

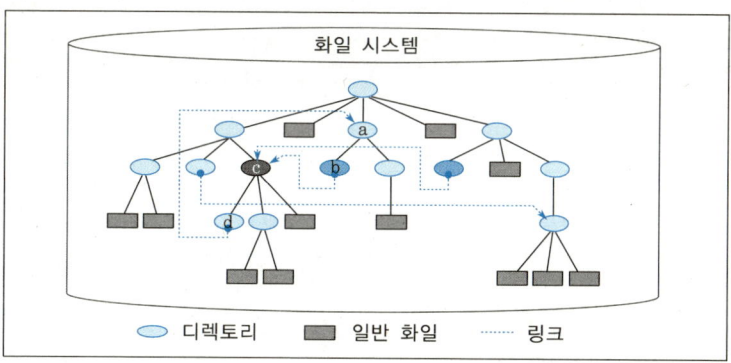

㉠ 부디렉토리의 공동 사용이 가능한 사이클(cycle)이 허용되는 그래프 구조이다.
㉡ 링크에 의한 사이클로 인해 무한 순환성(loop)이 있다.
㉢ 각 디렉토리마다 불필요한 파일의 제거를 위한 참조 카운터(reference counter)가 필요하다.

MEMO

MEMO

송광진 교수

現) 에코에티카 정보컴퓨터 동영상강의 전임교수
現) 윌비스 임용고시학원 정보컴퓨터 전임교수
前) 영동대학교 자바/안드로이드 과정 강의(2013년도 2학기)
前) 서울특별시 인재개발원에서 '정보체계론' 강의
前) 건양대학교 자바/JSP/Spring/안드로이드 과정 강의
前) 성결대학교 자바/JSP 과정 강의
前) 노량진 우리고시학원 정보/컴퓨터 강의
前) 노량진 서울고시학원 정보/컴퓨터 강의
前) 노량진 서울고시학원 전산직 강의
(주)서울미터산업연구소 타코미터(택시미터기) C 언어 개발프로젝트
서울시 전자계산소 연수원에서 전산직 공무원 대상으로 C++ 강의
방송대학 TV '전자계산기구조' 강의

정보컴퓨터 심화과정 I

ISBN 979-11-90700-12-2

발행일 · 2017年 4月 1日 초 판 1쇄
　　　　2019年 4月 25日　　　2쇄
　　　　2020年 4月 5日 개정판 1쇄

저　자 · 송광진 | 발행인 · 이용중
발행처 · 도서출판 배움 | 주소 · 서울시 영등포구 영등포로 400 신성빌딩 2층 (신길동)
주문 및 배본처 | Tel · 02) 813-5334 | Fax · 02) 814-5334

본서의 無斷轉載·複製를 禁함. 본서의 무단 전재·복제행위는 저작권법 제136조에 의거 5년 이하의 징역 또는 5,000만 원 이하의 벌금에 처하거나 이를 병과할 수 있습니다. 파본은 구입처에서 교환하시기 바랍니다.

정가 14,000원